U0069519

Eifel, My Home
跨德比荷邊境的幸福旅程

Sunny Föhr-Huang 著

Eifel-Zuhause,

ganz weit weg,

doch so nah am Herzen

作者序

從台北到歐洲，脫下高跟鞋換上登山鞋，享受真正的生活；
因為這裡的景色太美，因為這裡的綠色自然就在我家旁邊……
This is my Home…

2002 年冬天 Sunny Föhr-Huang 以當時德國政府針對專業人才核准的「IT-Green Card 工作簽證」移居歐洲，當然能讓當時意氣風發的台北小姐離開「台北捷運市府站」剛完成的台北市，主要的原因是為了建立新的家庭，隨先生移居歐洲。

Sunny 來歐洲剛開始的幾年，還是和在台北一樣，週一到週五忙忙碌碌的工作，一到週末就喜歡到市區逛街買東西，除了家庭旅遊外，戶外的休閒活動做的不多。直到 2009 年因為國外的工作告一段落，女兒開始上小學，所以開始有時間做自己想做的事，脫下高跟鞋換上登山鞋，開始每天在「家」附近「走路」，享受真正的生活，才驚覺原來所居住的這個區域 "Eifel" 真好、真美……

以專業顧問的背景，Sunny 以跨文化研究 (Cross-cultural Studies) 的觀點對所居住歐洲區域的多國文化特色、文化體驗與天然景觀，用一步一腳印的親身體驗後，以照片和文字記錄寫下 "Eifel, My Home!" 與大家一起分享這裡的美景與生活。

　　本書針對 Sunny 在德國所住最西部的城市 Aachen，比利時邊境城鎮 Raeren/Eupen，荷蘭城市 Maastricht 和德國的「Eifel 國家公園」相連部分的城市、風景、人文、美食做了詳盡的介紹。最後更針對到德國旅遊的注意事項提供了重點分享，希望大家有機會到 Eifel 來玩！

　　這本書對歐洲休閒活動有興趣的人提供了不僅「Eifel 國家公園」和 Aachen 所在的 "Euregio Mass-Rhein" 區域相關的觀光旅遊參考，特殊的是分享由台灣城市人的觀點所看到的歐洲休閒活動文化特色，希望可以得到讀者的會心一笑！

　　本書編輯出版過程感謝好友 Abby 凱惠的協助整理，德籍旅遊作家 Günter Whittome 先生和前德國 NRW INVEST GmbH 投資促進局局長 Dr.Otmar Becker 白歐邁博士的推薦，與家人及其他好友不斷的鼓勵，讓分享本書的內容變成一件值得期待的美好事情！

　　Sunny 以其專業顧問的背景著手進一步在寫的是有關「在德國工作 Working and Living in Germany」的專題，分享自己與德國人的工作體驗與超過十年以上在德國的工作經驗，並收集提供對亞洲人到德國工作發展的多元建議。未來進一步也會針對「德國的兒童、青少年教育相關文化體驗」的主題發表，希望下一本書可以盡快與大家見面！

給媽媽的祝福

Alice Föhr 2016 春天

「家不是指一個地方，而是一種感覺」

"Zuhause ist kein Ort sondern ein Gefühl"

Als ich von der Schule immer zurück kam erzählt mir Mama meistens von ihren Wanderausflügen wie sie einen neuen Weg entdeckt hat Roder wie sie mal ein kleines Reh gesehen hatre. Es war unglaublich sie immer so begeistert zu sehen. An den Wochenenden sind wir zusammen wandern gegangen oder haben neue Orte in der Eifel erkundigt. Sie hat es immer geliebt und ihr Enthusiasmus begeisterte mich, soseh dass ich sogar als kleines Kind und als heranwachsender Teenager gerne wandern gegangen bin. Das sie als Ausländerin in einer neuer Umgebung war, musste schwer gewesen sein, aber guckt mal was geworden ist, sie liebt die Eifel, es ist ihr erstes Zu Hause geworden. "Zuhause ist kein Ort sondern ein Gefühl", trifft sehr gut auf sie zu, denn obwohl sie nicht mehr in Deutschland wohnt, ist die Eifel und die Natur etwas Besonderes für sie geworden und ich unterstütze sie, den sie ist glücklich über ihre Liebe und sie will ihre Zuneigung teilen und verbreiten.

Danke Mama für alles was du getan hast und mach weiter so. Zeig allen deine wunderschöne Welt.

小時候媽媽總是在我放學回家後告訴我，她今天在散步健行旅行中發現新的路線與有趣的事情，竟然有一次她還看到了一隻小鹿。令人很驚訝地是看到她總是那麼熱情。在週末，我們全家會一起去新的地點走路，特別是去冒險發掘 Eifel 國家公園內新的地方。她對 Eifel 健行一直充滿喜愛和熱情，並鼓舞當時還是小孩子的我，如同十幾歲的青少年一樣的長途健行和登山。

做為一個身在新環境的外國人，對她而言肯定要面對生活上很多的困難，但我看到時間在這裡發生了特別的事，她對 Eifel 的熱愛，讓這裡成為她的家。

「家不是指一個地方，而是一種感覺」，這句話非常適用於她，因為她近期雖然不住在德國，Eifel 和它的大自然已經成為她的特殊情結。

我支持她，她可以很高興去熱愛她喜愛的事情，並分享和散播她的情感。

感謝媽媽所做的一切，並請繼續這樣向大家展示您美麗的世界。

　　Sunny 一步一腳印去認識她的新家鄉，了解這個位於德國最西邊，古老及具有多個死火山的自然景觀地區。

　　並完成介紹德國 Eifel 國家公園（艾菲爾山區）及 Euregio Maas-Rhein 地區（馬士河——萊茵河歐洲跨國區）的書。

　　本書能為拉近台灣人與德國人之間的距離，做出難能可貴的貢獻！

Die Welt wird kleiner, Entfernungen schrumpfen, der Austausch auch weit voneinander entfernter Länder ist stärker denn je. Als jemand, der in Deutschland und seit zwölf Jahren auch in Taiwan beheimatet ist, kann ich das an die taiwanesische Leserschaft gerichtete Buch von Sunny Huang über den Nationalpark Eifel und die Euregio Maas-Rhein wärmstens empfehlen. Auch aus Taiwan reisen Menschen zunehmend statt in Reisegruppen auf eigene Faust durch Europa und sind offen für Naturlandschaften abseits des Massentourismus. Dafür finden Sie in Sunnys Buch eine aus eigener jahrelanger Erfahrung verfasste Einführung in die Eifel, diese alte Kultur-und Naturlandschaft mit erloschenen Vulkanen am westlichen Rand Deutschlands, mitten im Herzen Europas. Wegbeschreibungen und praktische Tipps kommen nicht zu kurz, die auch die Nachbarländer Niederlande und Belgien mitinbeziehen. So fühle ich mich an meine eigenen Erfahrungen als Deutscher in Taiwan erinnert: wie Sunny nach und nach zu Fuß ihre neue Heimat Eifel erkundete, erschliß ich mir-ebenfalls nachdem ich meine Tochter zur Schule gebracht habe-die Fußwege im Nationalpark Yangmingshan bei Taipei. Ich wünsche taiwanesischen Besuchern in der Eifel, dass sie sich von Sunnys Erfahrungen inspirieren lassen und dieselbe Entdeckerfreude genießen. So wird dieses Buch einen Beitrag dazu leisten, die Menschen in Taiwan und Deutschland einander näher zu bringen.

Günter Whittome, Taipei, im April 2016 (Autor des Polyglott on tour Reiseführers Taiwan)

　　現今世界變小了，距離縮短了，相隔甚遠的國家之間的交流越來越頻繁。身為在台灣已定居 12 年的德國人，本人向台灣的讀者強烈推薦 Sunny 撰寫的這本介紹德國 Eifel 國家公園（艾菲爾山區）及 Euregio Maas-Rhein 地區（馬士河——萊茵河歐洲跨國區）的書。越來越多來自台灣的觀光客選擇不跟團而自助旅行，且有興趣去認識大眾旅遊地區以外的自然景觀。基於 Sunny 多年的在地經驗，他們可以在她的書中找到對 Eifel 及 Euregio Maas-Rhein 地區的介紹，可以了解到這個位於德國最西邊，在歐洲心臟地帶，古老的文化景觀地區及具有多個死火山自然景觀地區。書中有豐富詳盡的路線介紹且讓自助旅行更方便的建議，其中還包括鄰近荷蘭及比利時地區。這讓我想起自己身為德國人在台灣的經驗：就如 Sunny 一步一腳印去認識她的新家鄉，我同樣的在送女兒上學後去發現陽明山的步道。祝願來 Eifel 地區的台灣朋友們可以從 Sunny 的經驗得到靈感，享受與她一樣的探險家樂趣！本書能為拉近台灣人與德國人之間的距離，做出難能可貴的貢獻！

推薦序 3
Dr. Otmar Becker 白歐邁博士
前 NRW INVEST GmbH
德國北萊茵邦投資促進局局長
出生在德國特里爾 Trier，在 Eifel 南區長大

　　"Eifel" 結合文化和自然的特殊景觀，位於德國西部與比利時和荷蘭的三角邊境，還接壤盧森堡西南部，有許多特殊獨有的天然景觀。

　　讓 Sunny 用步行來帶你探險 Eifel！

　　Sunny 的親身體驗可以帶你聞聞味道，津津有味的去深刻體驗了解它傳統與現代的矛盾結合。

Die Kultur-und Naturregion Eifel liegt im Westen Deutschands im Dreiländereck mit Belgien und den Niederlanden, grenzt im Südwesten zudem an Luxemburg. Es ist eine besondere abwechslungsreiche Landschaft, es gibt karge Heide, schroffe Höhen, sanfte Täler, dunkle Wälder, funkelnde Vulkanseen und düstere Moore, gurgelnde Bäche und überall ein sattes Grün der Wiesen. Die Eifel ist vielfältig wie kaum eine zweite Gegend Deutschlands, sie gehört zu den am dünnsten besiedeten Regionen. Der Lebensraum der Menschen ist geprägt von Widersprüchen: Tradition und Moderne, idyllischem Landleben und wilder Natur. Jedem wird hier etwas geboten, dem Naturliebhaber, dem Wanderfreund, dem Rad-oder Wassersportfreund, dem Wein-und Bierliebhaber, der deftige Küche mag, dem Städtetouristen wie auch dem historisch Interessierten: römische Ruinen und Aquadukte, mittelalterliche Schlösser und Burgen erzählen von der spannenden Besiedlungsgeschichte der Region, erzählen Legenden und Märchen. Man muss die Eifel genüsslich und ohne Hektik erleben, um sie zu verstehen, sie zu riechen und zu schmecken. Die Eifel ist ein Abenteuer, zu Fuß oder im Auto, auf geht's.

Otmar Becker, geboren in Trier, aufgewachsen in der Südeifel.

目錄 Index

目錄 Index

緣起 Preface

從台北到歐洲，脫下高跟鞋換上登山鞋，享受真正的生活；
因為這裡的景色太美，因為這裡的綠色自然就在我家旁邊……
This is my Home ...

　　我住的地方在德國最西部的城市 Aachen，亦是比利時邊境城鎮 Raeren/Eupen，是德國的「Eifel 國家公園」起點。

　　以荷蘭城市 Maastricht、Heerlen，比利時城市 Lige 和 Hasselt，加上德國城市 Aachen 成為經濟共合區稱為──"Euregio Maas-Rhine"；以德國 Aachen 市為圓心點，到鄰近的德、比、荷各區旅遊都非常便利。

　　來歐洲剛開始的幾年，台北都市人週間忙忙碌碌的工作，一到週末就逛街的習慣一直不變，除了家庭旅遊外，戶外的休閒活動做的不多。直到 2009 年因為國外的工作告一段落，女兒開始上小學，所以開始有時間做自己想做的事，開始每天在「家」附近「走路」，才驚覺原來我住的這個地方──"Eifel" 真好、真美……

　　我先生說很多人特地開車從德國遠處到這裡來健行踏青，我就住在這裡卻不懂得享受，是「身在福中不知福」！

　　2010 年 10 月起，當時正逢秋到，森林變成黃、紅、綠三色並存，好幸福的顏色，覺得自己獨享太可惜了，所以我開始寫下 "Eifel,

My Home!" 以照片和文字記錄我歐洲家附近的風景特色、文化體驗，與大家一起分享這裡的美景……

2012 年回台定居後，再到 Eifel 探險的機會就是一年 2～3 次回歐洲的假期擠出來的短暫時間，因此決定將現有的文章集結之後出版，並將此書送給陪伴我「走過 Eifel」的先生 Ralph 和我們的女兒 Alice，感謝他們與我同行！

After several years,"Eifel" finally becomes my home, my real home. On 2009 late summer, I started to walk step by step in the area I live. Since 2002 winter until then, first time I suddenly found out how beautiful it is … and I would wish to retire and even stay until the last moment of my life here.

I even already told my daughter, that my last wish … to stay in the mountain of Rursee…

On 2010 Oct. , I started to write down the area I walked around Eifel and it becomes really a joyful habit…

I would like to make a present of this book to my best loves-my husband, Ralph, who bring me here and show me around the wonderful area; and our daughter, Alice, who walked with me day by day no matter sunny, raining or snowing. I love you 2….

Eifel,

My Home

Sunny, Su-Chin Föhr-Huang
2016 年春天在台北

16

01

Roetgen-"Das Tor zur Eifel"
進入德國 Eifel 國家公園的通道

www.roetgen.de;www.roetgen-touristik.de

　　我住的德國城市 "Roetgen" 是 Aachen 和比利時國境交界的城鎮，位在 "Nationalpark Eifel" Eifel 國家公園的北部位置。"Roetgen-Das Tor zur Eifel" 是當地政府標示說明 Roetgen 是 Eifel 國家公園的入口大門。Eifel 國家公園是德國境內的第十四個國家公園，保存大量的原始森林與自然動物生態，是可以提供健行登山與登山自行車一年四季隨時到訪的休閒去處。

　　Roetgen 地區維持大部分天然綠化環境，也是著名登山步道 "Eifelsteig" 的中間點，由這裡可以左右延展到 Eifel 國家公園內的多個城鎮及觀光景點。

　　所以先介紹 Roetgen 這個城鎮作為起點……

　　Roetgen 位於 Aachen 的郊區和比利時 "Raeren" 這個鄉鎮相鄰，占地約 39 平方公里，也是北威洲（NRW, North Rhine-Westphalia 北萊因——威斯特法倫）大城市如科隆 Köln、杜塞道夫 Düsseldorf 市區居民的週末後花園，就像陽明山和基隆是北部人的週末熱門旅遊點一樣。這個小鎮是 Aachen 地區最小的行政城鎮，但卻是出了名的百萬富翁集居處。每個房子都有私人庭園，大多數房子離家幾步就和森林步道連結，房子有私人戶外游泳池的比例很高。這地區也可以看到許多房子出租作為「週末住所 Ferienhaus/Wochenendhaus」，讓來自周邊城市的遊客可以長短期出租為假日住所，就近接近大自然或遠離城市做長期的放空休養。

我的家在 Roetgen 另一邊屬於比利時國土東邊的小村落 "Raeren"，一條馬路右邊是比利時，左邊是德國，幸好托 EU 歐盟共通的便利，我們每天出入國界邊境不需特殊通道。過去這一帶經常有穿梭邊境買貨的非職業「走私販」，例如：比利時的菸草與咖啡因為稅金較低所以售價較德國便宜，所以路過邊境的人回來德國時就順便帶幾包回家。每隔幾天會有比利時警察到邊界的商店抽查，因為沒繳關稅其實在行為上就是「走私」，不過只要不是大量採購，被查到罰款的機率很低，因為不一定會被查到，所以遊客也就無所忌憚。

現在 Roetgen 邊界有家知名比利時連鎖超市 "PROXY"，所以住在德國這一邊的人可以過邊界不經過海關檢查，輕鬆自由買東西再回德國了。PROXY 超市內設有 Café，提供 Eifelsteig 健行者休息的地方，入口有販售比利時特產巧克力的專賣區，當然比利時知名的多款啤酒也是任君挑選。同時這個超市特別在週日也開放營業，專門針對週日沒有商店買東西的德國人，所以週日或德國假日時滿滿是人，生意很好。

舊日的邊防海關檢查站 "Zollamt Roetgen" 已變成一般住房，有心的主人留下昔日的標語，所以可以辨識這是海關站。可惜 2015 年起，這些標語都已不復存在了，大概是屋主受不了遊客拍照的麻煩吧……幸好我還留有照片印證。街道另一邊的房子原是名為（BORDERLINE 邊防）的餐廳，專門提供重機騎士聚集的地方，可惜已經荒廢好多年了，很可惜。我對女兒說將來有錢買下這個房子作為 "Café" 或 "Teahouse"，發揮這個邊防建築的歷史意義，很具有創意及意義的夢想，只是夢想……誰知道會不會實現。

　　Roetgen 比利時這一邊的房子也大都是有庭園的房子，很高比例是作為退休後的居所，庭院常年都有花草，相當美觀，哈哈……我想應該是退休人士有較多時間整理庭院花草。這一區的人除了比利時指定官方語言的法語外，也都能流利的說德語，令人羨慕！

　　過往長年習慣台北大都會生活的我，加上工作及家庭的忙碌，剛來到這裡時對這樣的綠色環境沒有感謝，反而有身處郊區鄉下的不便感；最近真正放下一些負擔後，開始深入體驗及體會這裡的美

麗、安靜及綠化……現在，我真的好喜歡穿上步鞋、戴上耳機享受我喜歡的音樂，快步走在綠色的新鮮空氣中和羊、牛相伴……這真的是生命中的一種幸福。

Roetgen-A part of "Eifelsteig"
登山步道

http://www.eifelsteig.de

　　Eifel 國家公園規劃了許多步道讓自行車和健行登山者使用，可以不和車子並行或打擾到野生動物的 "Eifelsteig" 是其中一個長達約 313 公里的登山健行步道，起點為 Aachen 的 Kornelimünster，一路連接到 Rheinland-Pfalz 州的古城 Trier，橫跨德國和比利時二個國家。為便利遊客，全段區分為 15 個連貫的步道 (Etappe 1 ～ 15)，每個步道約為 14 到 29 公里路長，可參考官網上如下表的說明及地圖規劃行程 **http://www.eifelsteig.de**

Etappe 階段	Start 起點	Ziel 終點	Länge 里程公里數 [km]
1	Kornelimünster	Roetgen	14
2	Roetgen	Monschau	17
3	Monschau	Einruhr	25
4	Einruhr	Gemünd	21.5
5	Gemünd	Kloster Steinfeld	17.5
6	Kloster Steinfeld	Blankenheim	22.5
7	Blankenheim	Mirbach	17.5
8	Mirbach	Hillesheim	25.5
9	Hillesheim	Gerolstein	20
10	Gerolstein	Daun	25
11	Daun	Manderscheid	23
12	Manderscheid	Kloster Himmerod	18
13	Kloster Himmerod	Bruch	20.5
14	Bruch	Kordel	29
15	Kordel	Trier	18

Roetgen 是 "Eifelsteig" 登山步道的中間一站，由這裡可以前後左右延展到 Eifel 國家公園範圍內的多個城鎮及著名觀光景點。

所以延續介紹由 Roetgen 出發的 Eifelsteig 步道路線與風景⋯⋯

"Eifelsteig" 的起點城鎮是 Kornelimünster，到 Roetgen 有 14 公里，是官網上所介紹的 "Etappe 1"，開車其實只需約 30 ～ 40 分鐘的車程時間，相對遊客以一般腳程走起來則約需 3.5 ～ 5 小時的時間⋯⋯所以我們就分次完成這個行程，以我們的居住起點 Roetgen 前往起點 Kornelimünster 的這段路程。

➤ 由 Roetgen 到 Rott 的 Eifelsteig 步道風景

因為篇幅的關係分為兩部分，先介紹 Roetgen 到 "Wassergewinnungs- und Aufbereitungsgesellschaft mbH (WAG)，位在 Rott 的水庫水處理中心。

➤ 起點── Roetgen 的舊火車站牌

Roetgen 的火車站早已不用，過去橫跨德國和比利時的鐵軌也在近幾年被拆走，已改建為健行及自行車步道。現在只留下站牌和車站作為紀念，車站已改為餐廳飲料店，作為遊客在 Eifelsteig 步道經過 Roetegn 時的一個休息據點。

從 Roetgen 舊火車站牌沿著舊火車軌道步行前往另一個小鎮 "Rott"，是 Eifelsteig 規劃的步道路線，沿途都有指標引導前進路線。天氣好的時候絕不落單，健行、騎自行車或溜狗散步的人群陸續出現，不認路的話只要跟著走就對了，不用擔心迷路。

　　沿途的風景可以欣賞到 Roetgen 的小鎮遠景，同時經過多個無人居住的樹林步道區。其中最特別的區段為整區遍布樹幹為底的路面，樹幹盤結一起像個生命共同體，連結整個森林，非常緊密結合。如果不認真看著樹幹路面走路，會很容易被樹幹絆倒；步行在密集的樹林中，有種《倩女幽魂》中姥姥在森林盤旋的恐怖感，大概也只有中國人可以想像與體會這種美麗的恐怖感。

　　整體而言，自然景觀的美麗，真的讓步行者心情充滿無盡的歡愉。

　　這段路步行約需 40 ～ 50 分鐘就可以抵達 Roetgen 外圍的小鎮 "Rott" 的「Wassergewinnungs-und Aufbereitungsgesellschaft mbH (WAG) 水處理中心」，從這裡可以登高到 Dreilägerbachtalsperre 水庫區並繼續往 Aachen 方向步行到 Eifelsteig 的起點城鎮 Kornelimünster。

"Eifelsteig"-Roetgen Dreilägerbachtalsperre 水庫 → Rott 的登山步道

　　抵達 Roetgen 外圍的小鎮 "Rott" 的水處理中心 " Wassergewinnungs-und Aufbereitungsgesellschaft mbH (WAG) "，就可以從這裡登高到 Dreilägerbachtalsperre 水庫大壩區繼續步行到 Eifelsteig 的起點城鎮 Kornelimünster。

　　德國的飲用水標準是要達到不經煮沸可以直接生飲，所以 WAG
水處理中心的功用非常重要，設備齊全，占地也不小。我們因為分
段進行，所以可以開車到這個 WAG 附屬停車場，再從這裡繼續努力
前進。

　　水庫是由混凝土築成的大壩，從 1909 年蓋到 1911 年完工，重力
壩上部約 6 米高的部分都是使用石英岩瓦礫，在牆上沒有垂直的連
接關節，是當時相當新的建築技術。1990 到 1993 年水壩因積水容量
暴增受到衝擊損害，所以就將大壩區整建並擴大蓄水容積到 50.000
m³ 立方米。水庫蓄水經過 WAG 處理後的飲用水主要提供給 Aachen
市區及鄰近的鄉鎮居民飲用，如：Monschau, Simmerath, Roetgen 部
分區域和 Eifel 國家公園的 Heimbach。

由國道路邊的連接點登高到水庫大壩區最高點其實很近，不過卻是黃泥路以近 90 度直接攀高，雖然只需 5 ～ 10 分鐘，卻也相當費力與刺激；登上水庫高點看到水天一色的美景後，直呼「值得」！剛才的辛苦費勁，全都拋到腦後了。晚秋的樹林和湛藍的水相映，陽光照耀藍天，真的是隨手拈來美景，每一張照片都是美麗的風景明信片。

這一天天氣很好，所以沿途賞景散步的人群不斷，老老小小加上各個品種的毛小孩都來享受晚秋的溫暖陽光及美景，所以覺得不太像在森林步道中而更像在公園裡散步。這段路程有部分路段是木橋架在沼澤地上，木橋很新，可見政府管理規劃的用心，以方便健行者的安全及舒適。

沿途人真的不少，加上我們出發的晚，所以今天單程只走了約 3 公里到達 Rott 步行停車場就決定回程返回，明日再繼續其他路段。

　　回程我們決定不走原路回去，我先生建議沿著河道走回 "WAG"
停車場，Well... 如果沒有他帶路同行，我是絕對會依原路返回。不
過既然有壯丁同行，再加上是個「博士」，相信不會迷路。所以我
們就繞道而行，走下山坡到平行前進的河邊步道返回。這段路不在

Eifelsteig 的路線中，但是景色特別美，小河的流水聲也相當悅耳，而且這一大部分行程，沿路都只有我們一家三口，感覺很舒服，所以相信「博士」的話是不會錯的。

04

"Eifelsteig"-Roetgen/Rott →
Kornelimünster 的登山步道

2010/11/01 德國的「萬聖節」假日（"Allerheiligen"，非全國放假，只有 NRW, Bayern, Baden-Wüerttemberg, Pfalz, Saarland 州是國定假日），異常地出現 11 月陽光特別普照的好天氣，所以我們決定中

午出發完成 14 公里中未完成的 9 公里的步行：由 Rott 步行停車場一口氣走到 Eifelsteig 的起點城鎮 Kornelimünster。

我們花了約三個小時（包含 20 分鐘休息）完成這段行程，對大人而言還算可以，對我們當時 7 歲的女兒真是到了極限，所以我們先前已經規劃抵達 Kornelimünster 後，搭公車回 Rott 步行停車場，要不然走回去恐怕會累趴了⋯⋯

這一段路的起端非常漂亮，進入森林後不久就來到河流和小橋搭配的協和美景，很賞心悅目。河邊立有石塊清楚標示到 Roetgen 的距離，同時也有提供青少年野營的基地，可見該地區受歡迎的程度。

越往前走就越接近 Aachen 市區，由 Aachen 方向啟程前來的人絡繹不絕，畢竟 11 月有這樣的好天氣在德國這一區是少有，所以大家都有一樣的想法，來享受一下今年最後的暖陽日，所以我們竟然半路遇到了多年不見的熟人，真是太神奇了⋯⋯

此段路程途中多次經過幾個鄉鎮的外圍街道 (Hahn, Walheim)，所以不完全是山間樹林小道，大概是規劃時考慮方便及路徑連接的關係，所以和先前全程在樹林中探險的感覺不完全搭稱；不過為了完成依循 Eifelsteig 路線的計畫，也就依指示繼續前進。

　　最後由 Walheim 到 Kornelimünster 的這一段路也是和 Roetgen 地區一樣沿著舊鐵軌道和山坡步行，但為了提供給自行車族較為平坦的路，所以在舊軌道旁鋪設新的柏油路以便自行車和一般行人使用，真正喜歡健行登山的人可以另外延著山坡上的羊腸小徑前進，部分路段並配置有木欄杆保護安全，繼續安全步行並享受綠色的天然景觀。這一段路會經過舊日為鐵道架設的鐵道高橋，由橋下往上仰望，非常壯觀美麗。現因火車需求減低，保留效益而作為自行車的道路，也算是另一種貢獻。

　　三個小時後終於抵達 Kornelimünster 市區，也就是 Eifelsteig 提供給住在 Aachen 市區的人野外踏青健行的起點，由 Aachen 市中心到 Kornelimünster 搭車只要 30 ～ 40 分鐘時間，所以是政府為喜歡運動與戶外生活的德國居民之用心規劃。

　　Kornelimünster 是德國知名的羅馬時期就存在的歷史小鎮，「River Inde 河」由比利時東部延展到此並穿過今日的鎮中心區，繼續流向和「River Rur 魯爾河」結合。西部的「Kloster Kornelimünster 修道僧院」建於西元 814 年，是羅馬查理曼大帝的繼任者 Louis the Pious 的祭師所主持的修道院，原來蓋在河邊，起初被稱為「救世主的寺院」。現址是 1906 年後才移過去的，目前修道院歸政府所有，

教堂仍對外開放，環境幽雅可以到外圍走走或進入參觀古物。

　　鎮中心區有家有名的手工義大利冰淇淋店，最後的一段路途 Eis（德文的冰淇淋 Ice Cream）是我女兒的「前進動力」，支持她完成全程到達 Kornelimünster。我們熱烈的討論著要吃什麼口味，但是……到達時才知道他們已經開始「冬眠」了！Aachen 地區大部分的 Eis 店到了冬天都會「冬眠」——是近百年的傳統，銷售手工義大利冰淇淋店的義大利人利用冬天返回義大利探親，等到春天末再回來開店。今年的晚秋天氣異常，所以即使天氣好他們也不會規劃延後今年開業時間，所以我們只好回到家裡附近的比利時超市買現成的冰淇淋解饞啦。

　　Kornelimünster 有由 Aachen 開往 Roetgen 的公車 (Bus 166)，搭回 Rott 步行停車場只需 15 分鐘，相對應我們三小時多的步行真是「差太多」了……從 Rott 開車回家，我們都為自己感到驕傲，真是一個特別的假日和有收穫的一天。

05

"Eifelsteig"-Petergensfeld →
Schwarzwildpark 的登山步道

　　由 Roetgen 繼續的 Eifelsteig，以到下一個著名觀光小鎮 "Monschau" 的路段，作為下一個階段，有 17.1 公里，是官網上所介紹的 "Etappe 2"，並包含稍後另外介紹的沼澤高地 "Das Hohes Venn"。依前例，我們分段進行，逐步前進介紹。

　　Petergensfeld 是比利時 Raeren 和德國 Roetgen 國界相連的第一個小村落，先前介紹的比利時商店就在此區。這一區在羅馬帝國時期歸屬 "Spanischen Niederlanden" 政府管理，所以在 Petergensfeld 還有以 "Spanisch" 命名的街道。

　　這裡可以步行到 Eifel 國家公園區的 Schwarzwildpark 入口，距離約一公里路而已，但有四條路線可以連通，其中最受當地居民使用的是由 Mühlenstraße(straße=strasse=street) 相連到 Schwarzfeld Strasse 的三條平行柏油道路，其中串連著 Eifelsteig 由 Roetgen 到 Monschau 的路段，沿途風景相似，但各有其趣，入口處都立有「只限農具機通行 Landwirtschaftlicher Verkehr frei」的標示，所以不會和汽車或摩

托車同路，相當安全；每段行
程約 15～30 分鐘，作為短程
散步及溜狗相當適合，自行車
也可以通行，相當方便。

　　Mühlen 的 原 意 是「 磨
坊」，在這裡是利用水力發
電的舊磨坊，該建築仍有人
居住，房屋鄰近控管水流的
小風車仍在運轉，相當復古
和浪漫。

　　三條道路只在起點和終點有房屋，沿途兩旁大部分都是綠色景觀，很多是私人用地作為放牧牛、羊之用，因此很適合和小孩一起同行散步看看可愛的動物。這個區域也有很多私人的養馬區，主人到下午會前來餵馬並在附近騎馬運動，因此在此區走路要小心地下的「馬糞」……

除了這三條柏油路外，也
可走另外一條路程較遠的登山
步道和 Eifelsteig 相連，入口
處 在 Mühlenstrasse 的 路 底，
有清楚的區域地圖指示，可
以連接到 Eifelsteig 在比利時
的區域，同時最重要的是連接
到下一個 Eifel 國家公園區的
Schwarzwildpark 登山區域。

45

06

Eifelsteig
的 Schwarzfelder Wanderpark

　　Mühlenstraβ 路底的登山入口處連接到 Eifelsteig 在比利時的區域，同時最重要的是連接到下一個 Eifel 國家公園區的 Schwarzwildpark 登山區域。

　　在 Roetgen 有一個主要的 Schwarzfelder Wanderpark 入口，同時也有幾個非正式的連接入口可以進入 Eifelsteig 的路徑。從這裡開始都是高樹林立的森林，半數道路已規劃柏油或平面路面以供健行者及自行車友使用。

　　這個登山區連貫德國和比利時國界，因為歐盟無邊境的限制後，只有在路邊看到作為邊界線標誌的石頭時，才能從石頭上的 D 或 B 判別到了 D-Deutschland 德國或 B-Belgium 比利時。主要的步行道路仍然可以看到 Eifelsteig 的標誌沿途指引前往下一個目標城鎮——Konzen，或是反方向可以前往比利時的 Eupen。

　　秋季適逢開放打獵的時期，進入森林入口處會掛列警告標誌，告知健行登山者在某段期間或直接寫某月某日幾點到幾點開放森林打獵，禁止民眾進入打獵區以免危險。這一帶的打獵是有槍枝執照規範的合法管理，目的是為了保持生態平衡，數量每年依生態狀態有所限制，狩獵物主要是野豬和山鹿。

　　所以德國到秋季十月和十一月時，地方特色餐廳傳統上都會推

出各式的高級野味特餐，不過價錢也比平時其他餐點較高，畢竟打獵的成本較高且每年數量都有限制。

　　Schwarzfelder Wanderpark森林內的河流貫連德國和比利時二國，河水依高低位置集中在不同的地方收集起來成為（小）水庫，提供鄰近城鎮的飲水及生活用水之用，清清流水和樹林相襯，非常漂亮爽心。

07

"Eifelsteig" - Monschau（蒙紹）
—— Eifel 石屋小鎮的代表

　　經常有人問起 Monschau，特別是知道我們住在 Aachen 地區或是知道我們在 Eifel 國家公園的起點，這個 Rhineland Region（萊茵蘭——普法爾茨州）具有 Eifel 地區建築特色的小鎮還算出名。原名

為法文的 Montjoie，在 1918 起才改名為 Monschau，到了我們這裡確實值得去看一看。

2000 年初剛到歐洲定居，對這裡 12 世紀建築和亞洲地區截然不同的風情格調非常喜歡，所以只要有朋友由亞洲來訪，也都會帶他們到 Monschau 走走逛逛。

近幾年改變習慣，較多往森林裡走動，反而少去觀光客常去的地區，這幾天有朋友由英國來訪，提起這個小鎮，所以趁著春光明媚，我們週日一起去了趟 Monschau，才有機會拍點照片和大家一起分享。

從 Aachen 到 Monschau 每日皆有 Bus（66 號 , http://www.aseag. de）前往，公車終點站 Monschau Parkhaus 就是進入小鎮觀光的起點。由 Aachen 市中心出發約需一小時車程，由 Roetgen 出發是一半的行程需約 30 分鐘車程。

　　由 Parkhaus 這裡做為起點，除特殊許可車輛外，遊客皆需步行進入小鎮，小小的街道兩旁林立著小鎮特色石屋，延著小鎮特色石屋遍布的石板路，一路來到廣場中心，並再延伸到著名的玻璃工廠＋手工藝市場或往上攀高到古教堂遺跡。

　　延著小鎮有一條「魯爾河 River Rur」貫穿全鎮，河水帶動著磨坊的染布生意，是過往世紀當地的主要工廠及生活的中心來源，著名的「紅屋子 Rote Haus」的主人就是當年的染布廠主人，把賺來的錢用在這八層樓的豪華巴洛克風格別墅，豪華建築及高貴金光閃閃的家居裝潢設備，可以顯示其貴族的身分地位。怎料子孫未能守成，今日紅屋子已轉手賣給其他家族，新的主人將其開放出來做為博物館展覽，門票二歐元即可進入參觀一到四層樓。參觀時，除了豪華的裝潢傢俱外，進門左手邊房間中值得注意的是牆壁上用「錯視畫法 trompe l'oeil」完成的壁畫。這是請大師直接畫在牆上，不用擔心被偷走，所以屋內的樓梯間也都有相同手法的大理石仿製藝術畫作，是建築藝術上的特色。

　　沿河的房子有多家餐廳提供靠河邊的景觀露台作為用餐區，可以享受美食並沐浴在天然景觀中。遇到像這樣的好天氣，更驚見釣魚者在河裡走動，問了好多人都不知道他們在釣啥？所以猜想他們是「街頭表演工作者」，在此製造話題及焦點……Why not?

07

"Eifelsteig" – Monschau（蒙紹）—— Eifel 石屋小鎮的代表

　　玻璃工廠＋手工藝市場在市區的另一頭，是週末假日也會為觀光客開放的景點，可以付門票進入參觀玻璃工廠的玻璃製造過程或在商展區參觀玻璃產品；亦可進入手工藝市場區參觀來自各國各地的工藝品展售，吃個熱餐、下午茶或喝點小酒休息一下。

　　有觀光客的地方就有土產可以買，除了小鎮上商店販售的紀念品外，可以到 "Historische Senfmühle Monschau" 買到 Eifel 山區的野味臘腸（Salami，山豬或野鹿肉製成），當然也要試吃他們自製出名特產：黃芥末醬 "Senf"。Historische Senfmühle Monschau 提供小調羹免費試吃，有各種口味，加 Honing 蜂蜜、番茄、辣椒、薑、檸檬……

共有幾十種，最適合配德國烤香腸，烤肉加啤酒一起……已經出名到全德國了；特色中的特色是和比利時知名巧克力工廠聯合出品限量的「芥末巧克力」，一般市面買不到喔！來了一定要試一試！！！如果時間充裕還可以去參觀他們的工廠／博物館，進一步了解當地最大的黃芥末工廠家族之歷史及製作過程。

　　店面正對面還有一個很特別的驚喜："Restaurant Schnabuleum"（地址：Laufenstraße 118, 52156 Monschau），提供多種黃芥末做的西餐，超出想像，值得一試，我最推薦的是芥末濃湯，濃郁刺激的味道，驚豔回味！

鎮內有現代化的 Wellness Spa
五星級休閒酒店 "Carat Hotel"，
地　址：Laufenstraße 82, 52156
Monschau，如不打算住宿也可到
此吃個商業午餐或在戶外喝個下
午茶，戶外庭園座位還有兒童遊
戲區，五歐元左右可以嚐到蛋糕
和一杯咖啡或茶。當地也有很多

的小型飯店提供住宿，小巷中發現到有 400 多年歷史的小型中古世紀飯店，並提供中古世紀氣氛的西式套餐餐廳，不住宿也可前往用餐享受一下古味。以提供觀光為主的 Monschau，對觀光客的接待與歡迎，相當齊全。

　　春天的暖陽是機車族出動的最佳日子，小鎮多處可見穿著帥氣的男女機車騎士及高貴的機車，路邊隨時可見 BMW 和哈雷的重型機車，那可是比買台車還貴喔！

　　每年 12 月冬天時，Monschau 的聖誕市集也是荷蘭和比利時遊客喜歡來的慶典，"Weihnachtsmarkt, hhe Christmas Market in Monschau" 雖然規模沒有 Aachen 大，但是吃喝玩樂都有。因為在山區，所以經常都可以在白色下雪的市集中感受聖誕氣氛，可以為冬日到此一遊添加另一種回憶！

　　小鎮中的建築除了狹小路旁的中古石屋外，挨著河岸蓋在山邊的獨立房屋也很令人驚嘆！只是遇到大水或下雪期結冰時，出入方便的問題值得研究研究。不過，這也是 Monschau 值得一來的原因！！！

　　這棟白屋是我心中的夢幻住所，2015 年再訪時，已有建築藝術家將其改造為出租的別墅，價錢不低，整棟承租一個週末要超過千元，看來夢幻的代價還滿高的。

08

Nationalpark Eifel
國家公園

http://www.nationalpark-eifel.de

　　距離知名大城市 Köln 科隆西南方 65 公里處，就可以抵達自然保護區的 Eifel 國家公園。該地區由 2004 年起經國家公園法確認後開始生效，占地面積約 10,700 公頃（26,000 英畝），毗鄰了 Rur 魯爾湖水庫和包括鄰國比利時的 Urft 水庫，並涵蓋了原德軍建置的博赫爾森軍事訓練區 (Vogelsang Military)。Eifel 國家公園自 2006 年 1 月 1 日起開始對公眾開放。

　　國家公園保護那些蓬勃發展的海洋性氣候植物，特別是大量原始的地楊梅 (woodrush) 和山毛櫸樹林 (beech woods) 一直保存在公園北部，覆蓋整個 Eifel 地區以及歐洲中部的大部分地區，Kermeter 的區域有最高比例的森林山毛櫸。國家公園內有將近 1,900 種瀕臨絕跡的動植物，也有常見的野生動物，如：野貓、黑鸛、中斑啄木鳥和罕見的牆蜥蜴……等等。

　　國家公園內有 110 平方公里（42 平方英里）由落葉針葉森林、湖泊、河流和開闊的草地覆蓋，並提供了大量有趣的步行道約 240 公里讓遊客可以自由健行登山活動，約 104 公里可以適用越野自行車登山，冬季時，有很大區域可讓遊客做像 Cross Country Ski 越野滑雪這類的雪上活動。國家公園管理處在以下幾個國家公園入口處設有遊客中心 (Nationalpark-Tore)，提供公園的地形模型、動植物生態及影片導覽解說。

- in Simmerath-Rurberg
- in Schleiden-Gemünd
- in Heimbach
- in Monschau-Höfen
- in Nideggen

　　Eifel 國家公園內 Rurefiel 地區有很多對外開放的旅遊景點，光是規劃出來可供隨時出入的步道就有近 80 條，Eifelsteig 當然是其中規劃完善的主要步道之一，目前網路上非常方便可查到相關的訊息，（http://www.rureifel-tourismus.de/wandern/wanderland-rureifel.html），透過 Rureifel Navigator 的連結可以清楚看到每條步道的路

線規劃、行程建議與沿途的風景照片，對健行登山愛好者真的很有幫助！

　　Eifel 國家公園也提供公園保育員 (Park Ranger) 的導覽解說行程，目前現有的德語免費行程如下，對不懂德語的遊客較不方便。團體可依需要的語言、希望的行程、時間與感興趣的內容向國家公園遊客中心另外洽詢預約，每位解說員每小時以 15 歐元計費，團體人數最多可有 20 人，超過就要另外開團付費計算。

- Wahlerscheid ranger rendezvous (on Tuesdays 週二)
- Ranger rendezvous at Mariawald Abbey (on Wednesdays 週三)
- Erkensruhr ranger rendezvous (on Fridays 週五)
- "Monastery route" ranger tour (on Fridays 週五)
- Gemünd ranger rendezvous (on Saturdays 週六)
- Rurberg ranger rendezvous (on Saturdays 週六)
- "Hirschley route" ranger tour (on Sundays 週日)
- "Vogelsang-Wollseifen" ranger tour (on Sundays 週日)

- National Park rendezvous in Dreiborn（particular dates 特定日期）
- National Park rendezvous in Heimbach （on Sundays and public holidays from beginning of April to end of October 四月初到十月的週日和假日）
- National Park rendezvous in Nideggen（particular dates 特定日期）
- National Park rendezvous in Schmidt（particular dates 特定日期）

　　針對喜好自行車行動，但未攜帶自己的自行車前來的遊客，在以下幾個據點可以租到 ebike，須於使用日 3 天前預訂，不是隨到隨有；費用約 15 ～ 22 歐元一天，對退休後喜歡旅行的歐洲資深公民相當實用。

- Heimbach-Nationalpark-Tor, An der Laag 4
- Heimbach-Tourist-Info - Landal Resort Eifeler Tor
- Zerkall-Nationalpark-Infopunkt, Auel 1

　　Eifel 國家公園在德國人心目中還有一個很重要的角色："Ein Eifel-Krimi" ——「發生在 Eifel 地區的謀殺案」，過去數十年有許多作者以 Eifel 地區為背景，寫出幾個系列的犯罪小說，並拍成電影或連續劇，受到全德國民眾的喜好。幽靜的森林區、廢棄的碉堡、被遺棄的村莊，Eifel 已成為德國的頭號犯罪現場，也吸引越來越多的作者到 Eifel 國家公園取材，住在不同的小鎮飯店內想像如何將山區的特色發展出恐怖的謀殺題材，延展出有 Eifel 特色的 Ein Eifel-Krimi，並為國家公園打了無形的廣告。

09

Nationalpark Eifel
的 Rursee 湖

http://www.rursee.de

　　距離我們 Roetgen/Aachen 出名的 Eifel 國家公園區域是 Rursee 湖，環繞該區可以到達的 Talsperren Rur 水壩，Ober-und Urftsee 湖都是對外開放的旅遊景點。健行登山愛好者可以從 Monschau 步行 24.3 公里到 Einruhur，是 Eifelsteig 官網推薦的 "Etappe 3"。

　　Rursee 湖區域非常適合夏日環湖健行、自行車登山、環湖客船觀光、水上運動及受當地人喜歡的免費開放水域游泳！一般遊客從 Aachen 來可搭 68 號公車到站牌 "Seeufer, Simmerath-Rurberg" 下車，約半小時車程時，會途經我居住的 Roetgen 後，再約需 30 ～ 40 分車程到達遊客中心站 "Seeufer" 下車。自行開車前來，停車場收費為每天停車費最高 3 歐元計費，方便遊客全天自由活動。

開車前來可以設定以下遊客中心地址作為目的地：

Nationalpark-Tor Rurberg (am Eiserbachdamm)

Seeufer 3, 52152 Simmerath-Rurberg; Tel: 0049 2473. 93770

在炎熱的夏天，Rursee 湖吸引了很多人來 Rurberg 這裡游泳與度假。可在戶外公園綠地上放鬆身心，Naturerlebnisbad Einruhr 提供兒童許多戶外設施；而水上活動除了游泳，乘船遊覽 Rursee 湖外，亦可嘗試划船或者乾脆租個獨木舟在湖上自由行動。

　　前往山頂 Rur Lake 湖的水壩區前，可以先到入口的遊客中心 "Nationalpark-Tor Rurberg (am Eiserbachdamm)" 參觀了解這個區域的動植物生態，藉由影片或模型得到更深入的了解；開放時間為每日 10:00 ～ 17:00 免費參觀，並提供有乾淨的洗手間可以使用。如果略懂德文的遊客亦可提早規劃每週六上午參加免費的導覽行程，由保育解說員帶隊進入 Kermeter 附近的山區森林做深度之旅。

　　從這裡到山頂的水壩區是 Eifelsteig 官網推薦的 "Etappe 4" 的起點。上山和下山有三種方式：健行、坐船或騎自行車。我們因為有小孩隨行，所以選擇了步行上山，搭船下山。步行進入該區完全免費不收門票。步行到山頂的水壩區約 2 小時，沿途的路況非常平坦寬敞，可同時讓步行者及自行車雙向通過。沿途設有板凳提供休息及可以給狗飲水的低窪區，當然也可以讓遊客小小戲水過癮一下，再輕鬆自在的上山。

　　自行車騎士可以圍繞著 Rursee 湖，騎 27 公里的湖畔道路上山，或延伸整個到 Ober-und Urftsee 上下湖 42 公里的騎程。湖畔道路的路況非常良好，除了登山腳踏車外，一般的電動自行車也可以協助年長者騎完全程。

到了水壩區後，如果不想原路返回，可以考慮搭船 RURSEE-SCHIFFFAHRT 下山，搭船的碼頭就在大壩區步行 5 分鐘的地方，注意 RURSEE-SCHIFFFAHRT 藍色指標即可，相當方便。搭船一趟的時間約需 30 分鐘，大人搭船依上下船的靠站距離計價，每趟船費約 5 ～ 8 歐元，小孩半價，來回都搭船，票價就更便宜了，如有長者或不適運動者，可以考慮搭船來回觀景即可。船上有簡單的德文風景導覽廣播，提供遊客快速的對該地區的自然環境與歷史有所瞭解，這也是當地政府推廣觀光的服務之一。

要注意的是上下山的船都是每一小時才有一班，錯過了就要再等一小時；夏天比冬天的船班多，週末比平日的船班多且提供到較晚，大約是天黑前的 17:00/17:30 收工，出發前可在遊客中心或參考該公司網站 http://www.rurseeschifffahrt.de 獲取資料，提前規劃時間安排。

每年四月到十月夏令時間的第一和第三週的週一會有保育解說員登船做國家公園的深入解說，不管是半小時或一小時的行程，不另外加價，對遊客而言是意外的收穫，可以依個人旅遊計畫提前考慮。

　　到了山頂水壩區有一個戶外休息區，提供座椅及兒童遊樂設施讓遊客可以在戶外休憩。休息區有一家外包經營的 Imbiss Café 餐廳，到了這裡別忘了一定要吃聞名的「碗豆湯 Erbsensuppe」，一碗要 5～7 歐元，可以再外加香腸，很大一碗，也很好吃，就是有點貴，不過這是當地業者多年家族祕方食譜，很出名，強力推薦，要排隊等的喔！

2010/11/24　Eifel 的冬天
──我家庭園下雪了

2010 年的秋天特別暖和，上週還有 10 幾度天晴的日子

今天第一場雪下了……冬天來了！

經過一晚的下雪，白色的冬天開始了，庭園的草地和屋頂被白色的細雪覆蓋了，聖誕冬天的氣氛隨著白煙從白色的屋頂徐徐升起……和聖誕市集的氣氛相襯，讓人更加期待聖誕佳節的來臨。這個週末開始就是德國的「Adventszeit（聖神降臨）」四個週末中的第一個週末，家家戶戶開始準備「蠟燭」，4 個蠟燭每個週日點一個，到平安夜前點完第四個就是「聖誕」來臨了……所以現在下雪，特別應景……我們的 Adventskranz 蠟燭當然也準備好啦。

Aachen 的聖誕市集 "Aachener Weihnachtsmarkt" 據說是德國屬二的聖誕市集，對鄰近國如：荷蘭、比利時的遊客而言是有名的冬季景點，所以除了 Aachen 地區的居民外，每年都吸引很多觀光客前來遊玩與購物，更有英國遊客搭夜班巴士來到這裡逛一天再回去，把飯店的錢都省下來了。

　　明天週六，我們計畫去感受一下節慶的氣氛，所以下次就可以介紹：Aachen 的聖誕市集 Aachener Weihnachtsmarkt。

2010/11/24 Eifel 的冬天——我家庭園下雪了

補述：2010/12/06 庭園積雪超過 30 公分

2010/12/06"St. Nicholas Day (der Nikolaustag)" ——德國的 Santa Clauses 聖誕老公公日，前一晚父母會為孩子準備禮物（零錢、巧克力、小禮物）放入房門口的襪子內（最早的傳統是放入鞋子，幸好改了……），第二天醒來作為 St. Nicholas 送給小孩的禮物，有時也會包括一封信，寫給小孩要求改善其平日不好的行為舉止（如：欺負弟弟、妹妹），頗有年終大清算的味道，不過小孩能拿到甜食就都會很開心啦！

　　我們居住的地區每年在這段期間都會有 Nikolaustag 聚會，固定向每戶募款買禮物給小朋友，捐款金額不用多，5～20 歐元皆可，募款人會邀請並寫下家中有 12 歲以下小孩的姓名，以便安排禮物。活動中會有真人扮演的 St. Nicholas 和陪伴他的黑、白雙煞出現，手裡拿個小孩名單，一個一個叫到台前給禮物及囑咐不要太皮或好好讀書的相關話語，小孩都是既期待又害怕，很有意義的活動。

　　11 月底的第一場雪後，雖有幾天的回暖，但融雪的程度趕不上連日的繼續積雪，今天上午我家庭院的積雪已達 30 公分，昨天深夜及今天一早都有推雪車在公共馬路上把雪往二旁推開或灑上粗鹽，以避免路面溼滑危險，所以週一上午才能順理出門上班和上學。這場雪好似沒有終止的意思，看看我家庭園……雪真的很深啦！信箱上的雪至少有 15 公分，我家庭園的小湖都結冰了，庭園的大樹根部不見底……哈哈，連郵差都不想進來了……

　　P.S：這不是黑白相片效果，是真的到處都是「雪白」:)

　　再看看鄰近建築物屋頂上的堆雪很多，從我們的馬路往坡下看，積雪很多很深，白茫茫一片！！！！

Das Hohe Venn ——

大雪覆蓋的沼澤地 Snow-Covered Swamp

　　2010/11/28 大雪連下幾天，森林裡的積雪不退，正午的陽光帶來暖意，喜歡戶外健行的歐洲人不畏寒的在早餐後起身出發前往大自然，我們也不例外的全副武裝，來到先前因大雨阻擋前進的沼澤地，繼續由 Eifelsteig"Etappe 2" 到 "Monschau" 的路段。

　　我們沿著先前 Schwarzfelder Wanderpark 入口進入後的主要步行道路前往下一個目標城鎮——Konzen，經過上次通過的交叉路口後，往這個地區最特別的沼澤地繼續前進。這片沼澤地德文名為 "Das Hohe Venn"，橫跨德國 Roetgen, Simmerath 和 Monschau 的森林地區及比利時東區最古老的自然保護區，約有 4,000 多公頃是歐洲地區獨特且占地面積廣大的沼澤區。其中比利時境內最高點 694 米高度的 "das Signal de Botrange" 也在此區，1934 年起並建有一個 24 米高的塔提供觀景，可以瞭望整片的沼澤森林景觀。除了像我由德國的 Eifel 路線過來外，由比利時的 Eupen 和 Malmedy 兩個城鎮亦可進入此區。

　　Das Hohe Venn 為了保護這塊天然資源沼澤地的動植物生態及方便健行登山者可以繼續前進，所以沿著沼澤地搭蓋高出地面的木橋步行區，偷懶一點的人也可以直接開車到比利時 Naturparkzentrum Botrange 沼澤地入口的停車場，然後繞著規劃好的沼澤地挑高木橋步行區做半小時的散步，並可沿途享受這特殊的天然景觀。除了健行與散步外，這裡也是冬天提供滑雪與冬季活動的極佳場所。

為紀念這個地區的特殊歷史，可以在交界處看到海報架公告搭建挑高木橋過程的照片及搭建木橋的原由，其中最重要的重點是提醒大家，在享受這特殊的天然景觀外也要盡到永續資源保護的責任及義務。

經過幾天的下雪及零下的溫度，大雪覆蓋了沼澤地的草原，一眼望去很難想像地下是可以淹沒人的沼澤地，唯有在木橋附近地面可見融雪部分產生的水流，景色很美、很美……但是也具有相當的危險程度，很可能一不小心就掉入沼澤地……

步行在雪地對來自亞熱帶台灣需要特地搶第一時間到玉山、阿里山或雪山，看雪景的城市佬特別興奮，踏在雪地上腳陷入雪地中特別過癮，但是步行冰上卻換來了摔觔斗……過癮，但是真的好冷……

Aachen——羅馬帝國首都的古城，RWTH 科技大學的高新研究區，和美麗的聖誕市集 "Aachener Weihnachtsmarkt"

　　Aachen(亞琛，阿亨) 位於 Euregio Maas-Rhein(Mass-Rhine Euroregion) 的中心點，是德國最西部的城市，在 NRW 北萊茵——威斯特法倫州，距離知名的科隆城市不遠，是一個歷史悠

久的水療中心 (Spa)、與比利時和荷蘭相鄰的邊境小鎮，更是西元 768 年起羅馬大帝 Charlemagne 查理曼大帝 (Karl der Große) 喜愛的住所。留下的古蹟除了超過 20 年建造完成的皇宮 Palace 外（或稱 Rathaus 舊市政廳），西元 814 年埋葬查理曼大帝的 Aachener Dom 大教堂也是世界重要文化遺產。從西元 936 年羅馬 Otto I 奧托一世在這個教堂接受加冕，連續超過 600 年德國國王在此加冕。

Rathaus 市政廳正門前方是最主要的市集廣場 Marktplatz，廣場中央噴泉上的雕像自然就是 Charlemagne 查理曼大帝，是 1620 年就有的當地最古老的噴泉。廣場周圍有很多咖啡座，每到傍晚或週五下午開始，人群聚集，假日會有街頭藝人表演，是假日的人群匯集地。舊城區的古蹟建築外，市區多處亦可見有趣的藝術雕塑，展現

這個城鎮創意年輕的另一面！如 Elisenbrunnen 溫泉公園區往教堂方向看到的「錢流噴泉」，父子銅像中的父親正在告訴男孩金錢在人生的意義，金錢在人類生活中流動來流動去，但是最後生不帶來死不帶去的意義。有另外一個說法說其他四座雕像象徵：貪婪、吝嗇、乞討及施惠，池中泉水流入中間的泉眼，象徵不要因為金錢而無情無義的警示意義！歐洲人喜歡許願池的概念，喜歡見池就投幣許願，這裡的水池也不例外地收了不少銅幣。

再如教堂附近的「玩偶噴泉」是一座代表歡樂的銅製雕像噴水池，銅製人偶的關節可以任意擺動，遊客不論是大人或孩子都喜歡上前玩玩留影。其中的「騎馬的武士」代表 CHIO 國際馬術比賽，另一個「面具」代表「Karneval 嘉年華會」，十九世紀初開始成立的「嘉年華協會」每年舉辦盛大的慶典，每年 11 月 11 日 11 點 11 分開始，一直進行到隔年二月復活節前的星期四。

➢ Aachen 大教堂 Der Aachener Dom

Aachen 大教堂 (Aachener Dom) 是 Charlemagne 查理曼大帝在 8 世紀建造的大教堂，是查理曼大帝卡洛琳王朝時代僅存的少數建築之一，1978 年被聯合國教科文組織列入世界遺產的重要遺跡。教堂內保有部分歐洲最重要的宗

教珍品及獨特的歷史收藏。建築物 31 米高，直徑約為 32 米。由於在不同歷史時期，進行不斷改建，形成現在特殊的造型。

外貌呈八角形，進入內部為典型的拜占庭風格，圓頂給人一種從天而降光芒的神聖感，中間垂掛的 4.2 公尺吊燈，象徵天堂裡的耶路撒冷，神聖又莊嚴！既然是皇家御用祭所，內部當然也有金碧輝煌的裝飾，如西元 1,000 年至 1,020 年間製作雕刻，以基督救恩史及最後審判為主題的祭壇。

教堂開放時間為每天早上 07:00，一月到三月開放到 18:00，四月到十二月開放到 19:00。每日下午 14:00 提供有英文導覽，需要支付約 4 歐元的費用，每天上午固定的崇拜儀式期間，當然就不開放到處走動參觀。時間是：週一～五的 07:00 和 10:00，週末還會加場。

要注意：在新年元旦、嘉年華週四狂歡節、嘉年華週日、四旬期前週一 (Rosenmontag)、聖週四、耶穌受難日、聖週六、復活節、聖靈降臨節 (Pfingstsonntag)、萬聖節 (Allerheiligen)、聖誕節前夜、聖誕節等日期不提供教堂之旅。

➤ Euregio Maas-Rhein

基於歐洲合作和一體化的共同信念，1974 年由荷蘭發起直到 1992 年最後結合荷蘭城市 Maastricht 和 Heerlen，比利時城市 Liège 和 Hasselt，加上德國城市 Aachen 一起成為經濟共合區── "Euregio Maas-Rhein"，期望透過積極的跨國工作，協助相鄰區域之間城市的成長進步與互惠，帶給整個地區人民更多的福利。

"Euregio Maas-Rhein" 涵蓋德、比、荷三國相鄰共 11,000 平方公里和 370 萬人口，臨界西北歐主要商業和工業中心的界面（巴黎、盧森堡、布魯塞爾、德國的魯爾區、荷蘭鹿特丹和佛蘭芒市），整個地理環境占有很大的優勢。鄰近安特衛普、鹿特丹的大海港和列日 Liège、馬斯特里赫特 Maastricht、Aachen、杜塞爾多夫、科隆幾個大城市相連，阿姆斯特丹和布魯塞爾國際機場的支線機場都在附近。也連接到經阿爾伯特運河和朱莉安娜運河／馬斯 (Albert Canal and the Juliana Canal/Maas) 貨物運輸的歐洲內河航道網，同時歐洲高速列車 TGV 皆有停在列日 Liège 和 Aachen。

Euregio Maas-Rhein 經濟共合區，除了經濟上的便利互惠外，區域內的五所歐洲知名大學也提供了近 100,000 個大學以上高等教育的機會：RWTH Rheinish-Westfälische Technische Hochschule Aachen, Université de Liège, Universität Maastricht, Limburgs Universitair Centrum Diepenbeek, Open Universiteit Heerlen，再加上其他大專院校、研究中心、教學醫院、也提供出很多的學習與工作機會，以創造更高的經濟成果。

➤ RWTH 工業大學

RWTH（亞琛工業大學 Rheinish-Westfälische Technische Hochschule Aachen）源自 1865 年 Wilhelm I 威廉一世成立的 "Polytechnical School"，是 Aachen 這座城市的主導者，大學專業研究包括科學、工程、資訊工程技術和醫學。

RWTH 大學是歐洲領先的科研機構之一，超過 43,000 學生，150 種以上課程，其中包括近 8,000 個來自 125 個國家的國際學生，在科研專項上不斷精進，為德國的科技發展長期做出貢獻。在 RWTH 大學教學重視應用，因此它的畢業生是全德國企業搶手的初級管理人員和未來的企業領導者。

➤ CHIO Aachen

"CHIO Aachen" 是世界級的露天賽馬比賽，每年夏天在 Aachen 舉辦，競賽項目有：馬術、花式騎術、三項賽、一輛四馬在手駕駛和跳馬比賽等活動。比賽由 "International Federation for Equestrian Sports (FEI)" 監督，每個國家只能派一支國家代表隊參加，競爭非常激烈。比賽期間每年會有歐洲皇室家族成員到場支持，每屆共近三十六萬愛馬之人朝聖般地蜂擁而入，對 Aachen 的觀光旅遊事業很有幫助！

➤ SPA 溫泉之城—— Aachen

Aachen 早在羅馬統治時期就因可以治療風濕症的天然熱溫泉而聞名，這裡的溫泉有濃重的硫磺氣味，富含礦物質。在十八、十九世紀更被視為是能治百病的靈丹妙藥。羅馬人喜歡泡澡，把泡澡提升為水療文化 (Spa Culture) 的高級享受。查理曼加冕成羅馬皇帝後，也像羅馬人一樣喜歡 Spa 泡湯，甚至還跟他的家人、王公、大臣、朋友一起分享溫泉，還曾有過百人陪他一同入浴池的故事。因為他這樣的榜樣,以後的幾個世紀裡,整個歐洲的王公、貴族,都喜歡和查理曼一樣來此泡溫泉。沙皇彼得大帝、作曲家亨德爾、腓特烈大帝、瑞典國王古斯塔夫三世和拿破崙的妻子約瑟芬皇后都是曾到過 Aachen 來享受高級 Spas 水療的名人。Aachen 市中心還留有當時羅馬泡湯池的部分拱形門柱遺跡,可以在教堂往市政廳的石頭路上看到,周圍已被利用做為露天咖啡座,可以在此回味一下古羅馬的休閒感受。

在 Aachen 如果您想體驗溫泉洗浴的樂趣,可以到市中心的「The Carolus Thermen Bad Aachen 卡洛斯溫泉」感受一下。有十種不同溫度的三溫暖洗浴,戶外冷熱交替的游泳池,到獨特的 Carlous 卡洛斯 SPA 水療法,您將感受到全新的溫泉療養文化。每日開放時間為上午 09:00 到晚上 23:00,收費依停留時間長短,是否使用 sauna 三溫暖和平假日而有所不同,起價為 12 歐元到最高全天 38 歐元,可以個人需求購票。

https://www.carolus-thermen.de/

The Carolus Thermen Bad Aachen,地址:Passstraße 79, 52070 Aachen, Germany

➤ 三國邊界 Direlandenpunt

Aachen 直接和比利時和荷蘭直接國土相鄰的地方在荷蘭的小鎮 "Vaals",從 Aachen 火車站外面搭 50 號公車或從 Elisenbrunnen 搭 33 號公車到 Vaals Grenze 下車。Vaals 在德國和荷蘭的交界,Vaals

Grenze 站牌還是德國，但走幾步路就跨進荷蘭了。知名的三國交界點 "Direlandenpunt" 在 Vaals 山上，開車可以直接到達停車場，或搭 149 號巴士上山，天氣好時走平坦的步道或是走森林的小路散步上山也是一大享受。交界點上面放了個石碑，三個國家的領土相連環繞，看到三國國旗一起插著，非常特別，值得留影。山上還有付費瞭望亭，歐洲皇室迷宮和兒童戶外遊戲區、小食店、café 和餐廳都有，可以規劃一整天的行程，到此登上到 2010 年還是荷蘭最高峰 322.7 米的「瓦爾斯堡山」！

➤ Casino Aachen 賭場

Aachen 的 Casino 賭場有百年歷史，規模不大，但是該有的賭法機具都有，需要 18 歲才可以入場，入門費 5 歐元，而且一定要帶護照才可以入場。賭場連結五星級國際飯店 "Hotel Pullman Aachen Quellenhof"、表演廳和戶外公園，是 Aachen 市區美麗的角落，不入場賭博也可以到此用餐或參觀留影。地址：Monheimsallee 44, Aachen, Germany

➤比「小指」打招呼的「正港」的 Aachener 人！

兩台掛有AC 車牌的Aachen 車主在德國各地的高速路上遇到了，會互相比「小指」打招呼，注意喔，是「小指」不是「中指」啦。

原因是 Aachen 在中古世紀以紡織工業聞名，也帶動了製針業的發達。製針工人當時多半是童工，製針過程最重要的是用小指來篩選針，所以延續到現在互相比「小指」打招呼，表示是「正港」的 Aachen 人！

辨識「正港」的 Aachen 人還可以透過聽到當地人仍在使用的 "Öcher Platt" 方言（屬於利普里安語 Ripuarische Dialekte），來辨識是否是真正深根 Aachen 的 Öcher。

➢ Aachener Weihnachtsmarkt 聖誕市集

　　Aachener Weihnachtsmarkt 聖誕市集從十七世紀開始就有，以舊
市政廳為中心，攤位沿著 Aachen 大教堂延展到整個商業步行區，沿
路燈光裝飾，應景音樂環繞，充滿聖誕氣氛。每年自 11 月的倒數第
二個週末開始到平安夜前一天下午結束，每日約上午 11 點左右開始，
營業到晚上 9 ～ 10 點，其中只有前後二個週日不開放營業，其他時
間即使週日該地區的商店也會配合市集特別開放營業。

　　Aachen 聖誕市集對鄰國荷蘭及比利時的觀光客而言是有名
的冬季觀光景點，據說是德國排名前三名的聖誕市集，所以除了
Aachen 地區的居民外，據說每年都吸引約 150 萬觀光客前來觀光
採購，享受聖誕假期的氣氛。更有晚上遠從英國搭巴士前來，如：
http://www.goeuro.co.uk/buses_from_london_to_aachen，21:30 從倫敦
London 出發，要 10 ～ 11 小時才到 Aachen，到時約 09:00 剛好已天
亮可以逛市集及市區觀光，吃飽喝足後第二天晚上 19:45 再啟程返回
英國，到倫敦 London 大約是 05:45，這樣來回只要 41 ＋ 27 英鎊，
很划算，也可以證明歐洲人也有團體旅行，更能證明 Aachen 市政府
廣告做的多也做的好。

市集中的攤位主要分三類：販售聖誕禮物及飾品，聖誕節應景食品（如：巧克力、Aachener Printen 薑餅）及美食飲料吧。聖誕禮物及飾品的攤位大部分是販售手工藝品，和商店現成品不同，所以即使價錢較高也很受歡迎；聖誕食品以巧克力系列的餅乾及 Aachen 特色的薑餅 Aachener Printen 系列產品為主，很適合冬天的食慾，送人相當合適。

Aachener Printen 有別於一般的薑餅，原始配方來自比利時迪南 dinant 的皇族食譜，加上拿破崙時期的戰爭需求，Aachen 地區的烘焙師使用多種特殊祕方，並將薑餅壓的紮實方便攜帶，成為今日的 Aachener Printen。Aachener 市區百年的西點店 "Alt Aachener Kaffeestuben" 就是當時為皇族提供 Aachener Printen 的烘焙坊，據說曾有不具名的王室到此品嚐過當時最新口味的 Aachener Printen。Aachener Printen 所以成為歐洲地區知名的甜點，年產約 4,500 噸的麵糰製成品。據說以前東西德獨立時，Aachener Printen 被視為寄送給在東德親友的高級禮品。

因為逛市集的人多，所以現煮攤位及飲料吧相當重要及受歡迎。現場賣的食物以萊茵河區域的特色小食為主（Aachen 所在的 NRW 北威州即為萊茵河區的一部分）：現炸大薯條 (Fritten, Pommes frits)，燒烤白色香腸夾麵包 (Bratwurst) 或香腸配薯條淋上醬料 (Currywurst) 及聖誕節必吃的煎薯餅 (Reibekuchen)。有一家老店的集裝箱車攤位每年必到，我們也是每年必吃，我先生說他已經在這家店吃了 30 幾年了，好像沒吃就沒過聖誕一樣。

飲料攤位除了提供啤酒、咖啡、茶及熱巧克力的軟性熱飲外，最特別的是德國人在冬天必喝的「熱紅酒 (Glühwein)」，酒精成分約 10%，是紅酒加橘皮香料及糖一起煮過後熱熱的喝，在冬天零度時，逛戶外的市集時特別受歡迎。一般是用聖誕相關造型或裝飾圖樣的馬克杯飲用，取飲料時杯子要 1～3 歐元的押金，不退還押金時可將杯子帶回做紀念，部分攤位還提供換回一隻包裝好的新杯子帶回去，應該這樣比較衛生一點吧。不喝酒精成分飲料的人也可以點 "Kinderpunsch"，顏色相同且同樣是熱飲，但是以果汁為主，所以小孩也可以喝，一起過過聖誕市集的氣氛。另外也有熱牛奶加蜂蜜、美式蛋酒、水果雞尾酒及各式調酒提供遊客輕鬆享受聖誕氣氛。

甜食當然也在聖誕假期前後期間扮演相當重要的角色，甜食攤販提供現做的爆玉米花、焦糖烤杏仁、巧克力心型餅乾、骨牌巧克力 Domino Steine、杏仁餅 Marzipan Brot、現做糖果……等等，同時也可以聞到香噴噴的現烤的熱栗子 (Maroni) 在復古的火車造型區銷售，很有節慶的氣氛。

Aachen —— 羅馬帝國首都的古城， RWTH 大學的高新研究區，和美麗的聖誕市集 "Aachener Weihnachtsmarkt"

13

Maastricht —— 荷蘭小城，
Aachen 人的購物天堂

　　荷蘭南端的大學城 "Maastricht"（可翻譯為馬斯特里赫特），由 Aachen 市區開車過來 15 分鐘，歐盟申根簽證無國界邊防檢查，不需要出示護照，不需要更換貨幣，就可以跨越原來的邊防進入荷蘭的國境。

　　Maastricht 的名字實際上是源自拉丁語，「River Mass 馬斯河」是歐洲的主要河流，上游在法國開始，流經比利時和荷蘭最後排入北海。「River Mass 馬斯河」貫穿 Maastricht 全城，Maastricht 城市名稱便以此河命名。市中心羅馬皇帝「Claudius Caesar 克勞皇帝」

統治時期，在公元一世紀時期建造的橋樑今天仍然連接在河兩邊的城市。

市區有中世紀時期的建築和充滿活力的文化場景。老鎮部分最著名的是 "St. Servatius" 羅馬天主教堂，建築內外觀充滿宗教藝術的結合，聖人 Saint Servatius 聖瑟法斯主教在西元 384 年在此擔任第一任主教，死後並埋在此地，教堂內可以瞻仰他的石棺墳墓，並展示有中古世紀的多款聖物。參觀教堂時，可以細細觀察教堂內細膩描繪聖經故事的繪畫和雕像，大石柱上描繪耶穌背負十字的情境抽象風格雕塑，每一件都是栩栩如生。教堂開放可以買門票參觀全世界珍藏唯一的「進入天堂的鑰匙」，傳說執掌天堂之門的聖彼得顯靈，把進入天堂的鑰匙交給荷蘭第一位主教聖瑟法斯，主教就擁有可以帶領信眾進入天堂的通路，不過很好奇為何沒有用過？還是經常用？哈⋯⋯哈⋯⋯哈。

因應自古以來從全世界來訪的信徒，教堂外聚集許多小飯店、商店、酒館與餐廳，方便遠來的信徒休息，形成了現在教堂外的「Het Vrijthof 廣場」；這裡白天人群來來往往相當熱鬧，晚上燈光景色更加美麗。

市區河畔旁有知名的未來主義外觀圓頂（像是一顆砲彈）建築物的「Bonnefanten Museum 布尼芳坦美術館」，美術館內除了展示 1200 ～ 1600 年代的藝術展覽外，也展出超現代的藝術創作。來自 Maastricht 當地的雕刻家大師 Elsloo 和 Jan van Steffeswert 的木刻作品，16 ～ 17 世紀的尼德蘭南方畫家布呂格 Pieter Bruegel、Colijn de Coter 和 Pieter Coecke van Aelst 的畫作，更是館藏的重點。

Maastricht University 大學是 1976 年才設立完成的公立大學,是荷蘭 13 所公立大學中最新的大學。學校在歐盟支持下強調國際化的教學,提供除了荷蘭語之外的英文教學課程,吸引來自全世界的學生到此進修學士、碩士與博士學位,全校約有 16,000 位學生。教學宗旨強調創新與企業應用結合,畢業生受到歐盟國家不同企業的歡迎。校園位於市區,所以市區經常看到騎著自行車和在咖啡館聊天聚會的學生。

由我們所住的德國 Roetgen 出發,所以先搭

SB63 到 Aachen 火車站 HBF，在 3 號站牌 (H3) 轉搭來自荷蘭快速公車「50 號」前往終點站 Maastricht。上車可以直接買來回票，我們用的是 Euroticket 一日票，所以可以直接上車。車子非常乾淨，上車就進到荷蘭語 Dutch 的世界了，除了司機會說德語外，車上的電視，免費的報紙及標語都是荷蘭文。巴士在 Aachen 市區繞了 15 分鐘在幾個站牌接客人後，直奔邊境的國道，前後半小時左右就離開德國進入荷蘭境內，約 65 ～ 80 分鐘抵達 Maastricht 火車站，所以除了巴士之外，也可以從歐洲其他地區搭火車前來。

　　由 Maastricht 火車站前方步行進入市區中心，沿途開始感受荷蘭的生活特色。Maastricht 雖然和 Aachen 只有一個多小時車程，但是生活氣氛比德國更有藝術氣息，很多建築、裝潢及小地方可見創新及開放的設計。也許這和荷蘭開放吸大麻有點關係吧，所以路上行人穿著也較開放，很多創意也很新穎，如同照片中這二隻飯店前面加鎖鏈的塑膠玩具狗狗……有創意😎。

　　由火車站步行過橋過了著名的 Mass 河（Maastricht 的名字來源）
後可以進入廣場中心及步行區的商圈，橋上觀望河邊的景色非常優
美，河邊的房子和阿姆斯特丹市區的河邊房子風格相似，是正統的
荷蘭風光；暖陽的午後，河邊多見隨意躺下享受悠閒的年輕人和老
年人，享受生活不分年紀。Maastricht 當地的居民喜歡騎腳踏車作為
代步的工具，同時也鼓勵觀光客租單車逛市區，這樣的好天氣，河
邊的單車停車場客滿，受歡迎的程度隨處可見。

Maastricht——荷蘭小城，Aachen 人的購物天堂

　　市政府廣場每週三及週五都有市集，各類的攤販販售衣服、美食、盆栽……所以也是人群集中的地點。既然來到荷蘭，市政府廣場附近當然有銷售荷蘭名產——木鞋的 SOUVENIR 商店，所以觀光客可以盡興而歸。市中心還有舊教堂改建的書店—— LITERAIR MUSEUM HASSELT，除了可以參觀舊建築外，還可以看書、買書加上百年咖啡品牌的咖啡區喝點咖啡，很有藝術氣息。市區還有其他的舊教堂建築及古蹟可以在步行的距離下作為參觀點，我們這次礙於時間關係，沒有全部上鏡。

　　Maastricht 消費也比德國便宜一些，選擇也多。同樣的生活用品及消費商品大概可以便宜 10 ～ 25%，知名的生活用品連鎖店如：HEMA、V&D 樣式選擇較德國多很多，特別是設計及色系較多樣花俏，適合年輕族群及心不老的歐洲中年婦女。

Maastricht 食物及餐廳的
選擇也很多，除了知名的荷
蘭 Gouda Cheese 外，各類的
烤餅及甜品也相當有名。像這
樣一個逛街的午後，可以在廣
場前面的餐廳露天座位區用
餐或在多樣自選的自助餐廳
Cafeteria 用餐。建議的地點
如：La Place，位在步行區中
心 V&D 百貨店的一樓，有多
樣冷熱食選擇的用餐，很適合
夏日的午後午餐。食品店裡認
真找一找也可以買到在台灣
很出名的 Gouda's Gilde 焦糖
煎餅 (Caramel Waffles)，價錢
當然比在台灣買實惠多啦。

　　回程時進入 Maastricht 火車站參觀，才發現這個小站有點歷史味道，玻璃也是彩畫的藝術傑作，很有特色。我們回程選擇了和來時一樣的搭乘 50 號公車，搭車處在原來下車的後方，靠近火車站，相當方便簡單。陽光普照的日子，來到 Maastricht 確實是一種享受，難怪每遇假日，這裡充滿了……德國人。

14

　　我們所住的比利時小鎮 Raeren 的市鎮管理中心，歸屬距離半小時車程外名為 "Eupen" 的城市，離德國邊境 15 公里的距離，由德國的 Roetgen 開車過來不到半小時時間，現在歐盟無邊界控管，方便多了。

114

　　這是一個特殊的比利時城市：因為這裡的行政區域基本屬於 Luttich Provinz（省／洲），官方語言是比利時國家官方規定的荷蘭語和法語中的法語區，但是當地民生用語卻是德語。歸究其原由，應該是一次世界大戰前，這一區規屬德國管理，但是戰後的「Treaty of Versailles 凡爾賽合約」將其劃歸給比利時管理，所以這裡的家庭在古早古早以前其實是德國人……

　　其實這一區的行政背景非常特殊，歸屬比利時，是比利時官方劃分除了荷蘭區和法語區外的第三個聯邦社區：The German-speaking Community of Belgium（德文：Deutschsprachige Gemeinschaft Belgiens；法文：Communauté germanophone de Belgique；荷蘭語：Duitstalige Gemeenschap België），涵蓋區域約為 854 平方公里，約 75,000 人。

　　「德國聯邦社區」有自己的議會和行政中心，行政中心就設在 Eupen……真是與有榮焉！

　　Raeren 這裡的小學入學時是以德文教學，但是每週有固定的法文課，等到小學六年上完後，中學就進入完全的法文教學，所以這一區的人都可以流利的隨口用德語或法語交流。走在大馬路上，商店的標語大都以德文和法語同時標示，不過有越來越多只以法文取代為唯一的標識。商店內的店員在初次接觸的情況下，也是隨意以德語或法語招呼你，等到知道你慣用德語或法語後，就會咕嚕咕嚕的開始用你的語言和你對答。這樣先天的優勢，讓人羨慕！

　　Eupen 地區也是第二次世界大戰的決勝重要地點，希特勒大軍在二戰期間很快地占領這個區域，將其視為德國領土（反正當地都是講德語的人……）當時聯軍在 1944 年 12 月 16 日到 1945 年 1 月 25 日的「Battle of the Bulge 坦克大決戰／突出部之役，法語：Bataille des Ardennes，德語：Ardennenoffensive」通過這一區進入 Aachen 邊境，攻破德軍邊防取得聯軍的勝利並延續推進到德國境內，導致德軍的宣敗，因此在歷史上占有重要紀錄意義。Eupen 鄰近地區有好幾個美軍英雄墓碑園，經常有年事已高的美軍到此回憶往事或亡者家人前來弔祭。所以在 Eupen 市中心可以看到 1944 年成立的紀念碑來緬懷犧牲的戰士，是到此一遊時觀光客的拍照點之一。

　　這一帶的比利時人自稱「薯條 (Fritten)」是他們發明的！！！古時候他們這一帶的漁夫在船上待太久，遇上天候不好捕捉不到足夠的魚，甚至沒有足夠食物可以在船上吃時，發明了用馬鈴薯調味後再以類似油炸魚條方式食用的食品，所以千萬不要到比利時點 "French Fries"……會被打喔……比利時薯條和台灣地區熟識的麥當勞薯條大不同，這裡的薯條是整顆馬鈴薯切出一條條的薯條後去炸。為了有酥脆的口感採二步處理，先短時間炸一次後瀝乾，要吃之前再熱油熟炸，所以剛炸出來現吃時口感特別酥脆。賣 Fritten 的小食店到處都有，生意非常好，比利時人都是一大份一大份吃，加上美乃滋、冷／熱 Curry 醬、甜／辣番茄醬、加鮮洋蔥末或烤洋蔥末，多種吃法，隨人喜歡，價錢在 2 ～ 4 歐元，相當公道。

　　比利時的啤酒在歐洲地區相當出名，特別是多款所謂的「僧侶黑啤酒」（或翻譯為修道院黑啤酒），濃度高、口感強烈、帶點甜味非常可口，據說比利時的修道院僧侶早於西元 5 世紀就開始釀造啤酒，教堂的僧侶為了有足夠的營養而在僧侶院內自行釀造；而不同修道院之間又因材料或釀造手法有著些許的差異，唯一的共通點則是「高品質」！後

來為了支持修道院基本開支而傳出市面販售，成為市面上受歡迎的出名的啤酒。

在這裡進入餐廳或 Bar 後翻開酒單，隨隨便便都有十幾種啤酒可選，Eupen 地區的餐廳酒吧以販售當地 Brewery Haacht Boortmeerbeekru 釀酒廠出名的 "Eupeaner Bier" 為榮。"Eupener Bier" 酒精濃度 5.2%，是採取德國啤酒釀酒純度標準生產的特色金黃色啤酒，是比利時人平日喜歡的啤酒選項。

Eupen 地區的比利時人熱愛咖啡，下午時間經常可見老人（或有空的人……）在路邊的 Café 坐下，大多時候只點一杯 coffee，享受一下寧靜的時刻或是戶外的陽光街景。（P.S 比利時的市政破產已是出名，人民收入較德國低，但是「再窮也要在外面喝一杯咖啡！」）

Eupen 市區也可容易訂到小型提供早餐的飯店，一般規模較 B＋B 多了餐廳／酒吧。Eupen 和其他比利時城市一樣，融合法國菜的菁華，餐飲選擇非常豐富；這樣的小市鎮，市中心小巷內也有正宗的義大利／法國菜餐廳，其庭園設計賞心悅目，晚上用餐加上燭光更是氣氛十足。

Eupen 市中心裡有不少老建築物,有白色的市政府建築,17/18 世紀的老教堂 St. Nicolas Chapel,還有 1697 年建的 Das Eupener Stadtmuseum 市政博物館,經過長年的整修後到 2016 年起開放參觀。裡面收藏了 18 世紀和 19 世紀的鐘錶,Raeren 地區石器的發展概況,當地金飾店三代前完整保留的獨特漂亮金飾材料……等等歷史文物。除了週一外其他時間都開放參觀,不過經常會不定期維修關閉,計畫前往參觀時可先電話或郵件洽詢:+32-(0) 87 74 00 05, info@eupener-stadtmuseum.be。

結凍的 Eupen 水庫——
Die Eupener Talsperre

　　Eupen 是和 Roetgen 相連的下一個比利時城市，Eupen 市中心約 4 公里外的郊區森林中有一個高點處，建有一個水庫 Talsperre 收集從市區延展過來的三條河流：Weserbach, Getzbach 和 Hillbach 進入 Lake Eupen 湖的水，經過處理後提供給鄰近村落的居民用水，其中包含我們的日常飲水，並提供到列日省的 Herver Landes, Lütticher Gegend（不包括 Lüttich 市中心）及 Domäne von Sart Tilman。這個水庫是 1936 年起才開始建的，技術及設計都很新穎。集水面積 106 平方公里，大壩包括地錨為 63 米高，可收集水位為 57 米高，滿水位時可容納 126 公頃面積的水量。即使在乾旱年分，亦可提供平均 71,500m³ 供水保證。通過在壩內的水力發電廠，可年產量約 3 ～ 4 萬千瓦提供給周邊地區用電，生產剩餘的電量並可排入當地電網提供長期使用。

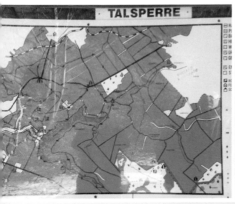

TALSPERRE

15

結凍的 Eupen 水庫——Die Eupener Talsperre

　　Talsperre 沿著 Lake Eupen 湖的繞湖步道長約 14 公里 (Rund um den See)，沿途樹林茂密，步行約需 2～4 小時，路面平坦也很適合騎自行車或行走。壩區旅遊標示，提供有詳細的建議公里數及行程路線給登山健行者，提供腳力不同的遊客提前規劃行程，依自己的實力規劃合適的公里數行程。

可以由德國境內前來（如：Monschau）或由比利時境內的 Eupen 市區出發，開車可以直達水庫上方的閘水區，大壩上新建有瞭望塔，經過申請可以進入水壩區參觀；壩區外圍有公園休憩區可提供座位觀賞風景及休息，亦可到遊客中心 "Besucherzentrum Wesertalsperre" 的餐廳享受美食及觀賞自然山水景觀。

2011 年元月，平均溫度為五度到零下五度；但是這個週末陽光普照，讓人腳癢的穿上登山鞋走出去，走在陽光下感覺好像溫暖了一點，但是其實冷到在戶外一定得戴帽子或耳罩不可。

在冬日平均溫度零下的日子裡，即使陽光普照的正午，水庫中未見潺潺的流水反倒是結冰的水庫，對台灣人來說也算是「奇景」，所以拍照留影與大家「奇景共賞」。

16

2011 Schneeflocke
帶來的早春的暖暖陽光

　　2011 的 三 月，天氣異常的好，和前幾年四月雪的記憶衝突，所以這一區的民眾享受陽光溫暖之外，還是小心翼翼的開著暖氣早晚取暖，因為半夜零度和清晨 4～5 度的「冷感」讓大外套和靴子還是最佳的出門選擇。

　　週日的暖暖太陽，我們腳底發癢的中午出發前往 Schwarzfelder Wanderpark 去一探：融雪後的大自然景觀。

　　令人開心的在路旁看到這一區春天的代表——"Schneeflocke"
（翻譯為：雪鈴鐺）已經冒出地面遍地開花，所以……春天真的來了！
Schneeflocke 是冬末初春最早冒出的小花，花為白色，形似鈴鐺，在
早春最後的雪地中經常可見，在長日的寒冬中帶給人們希望與溫暖，
所以是受歡迎的小花。

Schwarzfelder Wanderpark 經過幾天的暖陽，步道乾燥好走，先前凍結的水庫集水線也可清楚看見潺潺流水，讓步行者心中充滿喜悅，去年 12 月寒冬厚雪的痛苦終於可拋諸腦後！！！我們沿著這個水庫集水線的步道前進，曬著暖暖的太陽，覺得「很幸福」……。

再看看我家後院的小樹，凋零的樹葉已經轉為黃色，一年二次在春天和秋天才有的顏色，讓人開心！所以忍不住的把庭園的木桌椅搬到戶外來了，有點早……不過來的早總比來的晚要好，在歐洲這一區，只要戶外有陽光，能坐在室外就很開心幸福……！

比利時 Petergensfeld 的森林區
——遇到小鹿「斑比」的森林

2011 那一年春
天開始，每天中午
13:00 ～ 14:00 左右，
我會換上布鞋穿上風
衣出門去「快走」。
因為上午時間大多坐
在電腦前面，所以出
門散步走個一小時特
別舒服。

　　我家旁邊 5 ～ 10 分鐘路程往 Eupen 方向有片森林，有段路程剛
好 30 分鐘去 30 分鐘回，所以變成我的下午散步運動固定路線。大
馬路旁有禁止車輛進入的支道路線，有石頭道專門給人類、狗和馬
通行，所以傍晚時段經常有人帶狗來「方便」，假日也經常會遇到
騎馬的美女。

比利時 Petergensfeld 的森林區——遇到小鹿「斑比」的森林

這一帶的森林歸比利時政府管轄，是規劃的砍伐區及秋天的「射獵區」。森林區有保育的鹿及山豬長年出沒，並長期有森林保育員在巡邏及記錄當地的生態變化。自然保護也包括對野生動物的自然生

長保護，不過卻也會造成如小鹿太多時，會把新生長的小樹苗都吃光了的問題。為了生態平衡會在每年秋季固定估算今年的需要獵殺數量，以達到所謂的生態平衡。

每到秋季會開放一段期間給有執照的獵人「打獵」，因此森林內沿途可以看到打獵人所架設的「守望亭」，架在較高的地點以便追蹤獵物；為免誤傷健行的路人，所以規定上午 9 點前或下午 16:00以後才能打獵，不過為了安全起見有經驗的健行者多穿紅、黃色或較鮮豔顏色的外套以避免被誤射，畢竟命還是比較重要……。

因此我的下午步行路線上也有幾個獵人登高點及獵人小屋，當然附近也應該要有「獵物」出沒。雖然聽起來理所當然，但是我從沒遇到狗和馬以外的四腳動物，直到那天我遇見了小鹿「斑比」，我第一次和鹿如此接近的驚豔……而且方圓一公里內只有我們二個……

　　故事是這樣發生的：不久以前，有一天下午步行中看到前方有一個黑點在移動，走近一點才發現原來是一隻「小鹿」，所以我停步了，她也停住不動。我們互相觀望約 30 秒後，她漫步離開了，我沒帶相機也來不及用手機照相。回來後，我好興奮的告訴女兒……我真的好興奮開心喔……

　　後來的步行，我總是期待她的出現，但是好多天過去了，音訊全無……

　　大概過了一週，我其實已把上次的奇遇當成是一次的夢幻相遇，不再期待她的出現了……就在此時某一天的下午「她」出現了，遠遠的在樹林間看著我，不遠處應該是她的媽媽在看著她，所以我為了不驚嚇他們，我只在遠處和他們揮手就繼續完成我當天的旅程。但是我心裡好開心喔，又再見面了！所以表示未來還可能再見面，這也激勵著我繼續每日在這段路走動。女兒告訴我她在電視上學到的常識，提醒我鹿是用嗅覺來辨識對方，所以我千萬不要碰小鹿，不然她的媽媽就不要她了……很好的提醒，不過也讓我深思，或許她的再次出現是因為聞到我的味道？

今年德國的夏天五月開始偏熱，後期卻偏冷。第二次與小鹿相逢後連續幾日都是雨天，所以沒有出門健走，後來實在悶的生鏽了，決定穿起雨衣和冬天的登山鞋（下雪防濕），繼續之前每日下午的森林散步行程。每次路過上次見到她的地方，都會放慢腳步往森林深處多看兩眼，期待看到她的出現，不過這次過了很多天都未見到蹤影，所以我以為這個故事結束了……

OH… MY …那天下午我的味道必定吸引了她……她不但在途中出現一次，還追尋我的路線在森林出口處再出現一次，我興奮的試著拿出手機相機拍照，卻因此嚇到她了……所以我想到人類出現和他們手上的東西想必對動物已經造成「恐懼」，所以我告訴自己，就這樣就好，不需要拍照！

幾天後，我決定寫下我和小鹿「斑比」的奇遇，所以帶著相機前往步行，只是想要記錄這段故事的沿途風景，就在這一天我看見了她靜靜的坐著和我相望，我告訴她我想拍她，拿出相機她也沒迴避……所以幸運的我拍下她的照片，為我的故事留下證明……

I enjoy the meetings with her ...

18

三國邊界的多國文化集合美食，改變台灣小姐的口味

隨著先生定居歐洲，一開始的時候，最想念的是 7-11 和台灣小吃：大腸麵線、臭豆腐、麻辣火鍋……

我們所住的 Roetgen 地區唯一的亞洲菜餐廳是 "Kim Asia"，先生怕我思鄉帶我去解饞，我試著和他們說中文，卻發現他們不是中國人，是越南人開的。人到了異鄉，在台北習慣外食且完全不會煮菜的我，是很容易妥協的，可是他們的「中國菜」真的很難接受。炸春捲、糖醋排骨、酸辣湯外的其他亞洲菜，真的很難讓我感到開心，所以後來去的次數就越來越少了。

Aachen 地區因為中國留學生留下來開餐館的或是有中國華僑背景的人比較多，所以市區有幾家中國菜餐館，口味就真的較接近中國的家常菜吃法。有一家四川口味的餐廳 "City Garden"，地址：Augustastraße 32, 52070 Aachen，有提供只給中國人看的中文菜單，可以叫到「夫妻肺片」、「豬耳朵」和「口水雞」等等道地菜色，

偶而去過癮一下也不錯，只是都要開車來回有點麻煩，所以一年去
的次數也不多。

「Kink-Lon 金龍」，地址：Franzstr. 45-47, 52064 Aachen，餐廳
在市中心，老闆娘是台灣人，已經開了二、三十年了，價格公道合
理，菜色選項也很多。"Dschingis Chan"，以前叫成吉思汗，地址：
Franzstr. 21, 52064 Aachen，老闆一家人也是台灣人，現在在德國出
生的第二代接手了，所以將餐廳由原來的蒙古烤肉轉為「法式中國
餐廳」，室內裝潢設計新穎，提供的是中菜西吃的概念，當然價錢
也是目前中國菜裡面最貴的了，但是仍然經常滿座，相當成功。

德國因為二戰後廣邀外來移民工（如土耳其人）的遷入，所以
對飲食選項的發展也產生了很大的變化，我們在台灣所熟知的沙威
瑪也就是土耳其系列小吃的 Döner 或 Kebap。這類的食物非常適合台
灣人口味，大多是 Imbiss 小食店的方式提供，3 ～ 7 歐元有烤肉＋
沙拉＋飯或薯條＋麵包吃到飽，可以吃到爆胃了。我們最喜歡的是

Aachen Bushof 巴士站附近的 "Side Kebap"，地址：Stifstrasse 52062 Aachen，好吃、新鮮又大碗！ Aachen 有一區因為土耳其人聚居所以被稱為「little Istanbul 小伊斯坦堡」，當然那裡的土耳其餐廳就更道地了！

　　Aachen 的西餐選項和其他德國地區一樣，正統德國菜不是最流行，反倒是義大利菜系列的餐廳所提供的 Pizza 與 Noddle 麵食較普遍受大眾歡迎，台北信義區 ATT 樓上的 Vapiano 就是這一系列的新鮮現煮義大利麵食連鎖餐廳，Aachen 的 Vpiano 在市中心，地址：Franzstrasse 51, 52064 Aachen，全天 10:00～01:00開放，採自助服務，消費大概為每人 10～20 歐元，有戶外座位，布置新穎很受年輕人、家庭和大學生的喜愛！

　　比較傳統的德國菜和法國菜餐廳，可以在 Rathaus Aachen（舊市政廳）和 Aachener Dom（教堂）附近的餐廳享受到專為觀光客推出的系列美食，如："Domkeller"，地址：Hof 1, Aachen；Rathaus 一樓的西餐廳也很高級，走歐洲高級風，價錢偏高，但是有在古堡用餐的氣氛。從市集廣場走到舊城門，通往舊城門的 Pontdriesch 路上有中國菜、美式、義式、法式、希臘、日式、墨西哥、越南等各種異國料理，是深受年輕人喜歡的餐飲美食街。

　　溫泉噴泉公園 Elisenbrunnen 的 Restaurant 開放時間為 09:30 ～ 24:00，白天可以享受露天公園綠景，晚上融入市區夜景，菜單是歐洲各國料理，價位中上，風景值錢。每週五晚上的特餐炸魚排加塔塔醬值得嘗試，地址：Friedrich-Wilhelm-Platz 14, 52062 Aachen。

　　這幾年日本料理的 Sushi Bar 開始流行，價錢不低，Aachen 市中心就有 2 家以上，已經開始逐步取代傳統的中國餐廳。大學城附近的餐廳特別便宜又大碗，如果想省錢就到大學城區去逛逛用餐，夜晚再到酒吧和 Disco 感受一下學生生活氣息。

　　Roetgen 地區的餐廳選項當然沒有 Aachen 那麼多，但還是有值得推薦的去處。Roetgen 行政中心旁有一家「Mirabela 餐廳」賣的是地中海料理及供應季節特色餐點，裝潢明亮且餐桌裝飾時尚，是我們全家人都喜愛的餐廳。老闆 Kosor 先生和我們很熟，所以遇到生日或慶典，可以去預訂套餐，依人數和我們的期望主食訂製 3 ～ 4 道菜的菜單，每每讓我們吃到開心回家。在此與

大家分享："Restaurant
Mirabela in Roetgen"，
地　址：Hauptstraße 49,
52159 Roetgen，要記得
他們週一休息，不然會
撲空。

　　"Pizzeria La Rustica"，地址：Bundesstraße 12, 52159 Roetgen，在 Aachen 進入 Roetgen 的國道上，是連 Aachen 人都知道的出名 Pizza 店，一個大 Pizza 只要 5 ～ 8 歐元，多種口味，不輸給義大利當地的口味，真的很好吃！

　　"Restaurant Fringshaus"，地址：Fringshaus 2, 4370 Raern，在 Roetgen 往 Monschau 國道上地名為 "Lammersdorfer Höhe" 的百年餐廳。該建築是原 1826 年蓋好後，但在 1946 年大火燒毀後重新再建的德國物業，但是第一次世界大戰後的凡爾賽條約將該區劃歸給比利時，所以現在屬於比利時國土。一路由德國的 Roetgen 前往 Monschau 的這段路多次會經過比利時路段，所以手機會不斷轉換電信商的訊息，要小心漫遊費的產生，以前還沒有歐盟一體免國界檢查的時候，相信是非常不方便的。該餐廳百年長期由該家族經營，提供獵人、登山者與遊客休憩與用餐的場所，在 Eifel 地區是有名的獵人聚會點。餐廳內是歐式古典風格，優雅又舒適，餐點以法式風格的 fine dining 提供依不同季節推出的特色餐點，秋天的野味料理更是出名。平日提供 5 道菜的套餐價格約 18 ～ 30 歐元，價格中上合理，假日也可以來喝個下午茶，值得停留體會一下。不過要注意他們週二和週三不開門，平日只開午晚餐時段，週末才有下午茶時段，百年家族企業感覺要開不開，嗯⋯⋯應該是不太缺錢吧！

三國邊界的多國文化集合美食，改變台灣小姐的口味

19

德國外食價格比
起自己烹調的成本相
差很多，所以日常生
活外食的次數相對很
少，大多是買菜後在
家自行烹調為主，和
台灣剛好相反。

　　剛離開台灣時，我做飯次數用一隻手都數得出來，真的很糟糕，
不過來了歐洲後，因為想吃，外食又不方便，所以只好硬著頭皮洗
手做羹湯看看啦。加上當時德文不好，要靠當地食譜和食材學做菜
也不太容易，還記得第一年把 Schlagsahne 原意的「鮮奶油」解讀成
「奶油」，那一次做出來的提拉米蘇蛋糕相當 "rich"，不過我先生為
了鼓勵我還吃了不少（哈……）。絕大部分德國人做菜都是像我先
生的工程師背景一樣，一切以食譜為主，多少公克、溫度、烹調時間，

完全依照食譜規定，所以絕對不會出錯，因此坊間販售的食譜很多。現在網路發達更方便，" http://www.chefkoch.de" 有幾萬種食譜，輸入食材名稱後，各種食譜建議就出來，真是好用極了，只是目前都是德文為主，不懂德文的人就要做點翻譯研究研究。

在德國做菜最方便的是使用「Maggi 調味包」，這是我最開始學做菜及現在忙碌時的救星。Maggi 調味包可以搭配煮出各類肉食、海鮮和素食，袋子上也有推薦食譜，煮出來和餐廳的口味真的相差不遠。不過經過幾年的鍛鍊後，我把做菜當作是「專案 Project」在處理，把食材和做法研究一番後，在腦袋裡規劃好步驟，就像大廚一樣的東弄弄、西翻翻，煎、煮、炒、炸加烤箱，很有成就感！現在做一餐可以請客的餐點，也經常受到客人的好評，時間和環境真的會改變一個人！

　　歐洲的菜價其實比想像中便宜很多，認真的評估下來，和台北市的買菜價格差不多。買菜的地方依品質與需求有不同的選擇，最便宜的是一般人常去的 supermarkt 超市，如：Netto, Aldi, Lidl, Penny，這類超市被歸類為 discounter，除了生鮮食品外，有較便宜的自有品牌食物與日常生活用品，紅白葡萄酒選項 1～2 歐元就有，提供一般的生活需求品，所以是德國人基本生活的重要供應商。進一步有提供新鮮肉品的超市，如：Edeka，可以買到有服務人員現場處理的肉品（香腸 Wurst，肉 Fleisch，絞肉 Hackfleisch……）和多種起司 Käse。當然重視生活品質也吃得起的人，就會直接去蔬果店 (Obst und Gemüseladen)，肉舖 (Metzger) 和魚販 (Fischhändler) 買新鮮的食品，價格較高但是食物品質及選項更多更齊全。德國也有大型量販店，如：Real，和台灣的大潤發非常相似，可以買到食品、日常生活用品、服飾和電器；Metro（麥德龍），和台灣熟知的美商 Costco 一樣是會員制和大包裝的銷售方式。

　　麵包是德國人生活中的必需品，早餐和午餐都可以吃用麵包準備的餐點，晚上再來個 Abendbrot essen（麵包冷食晚餐）。每天一早麵包店 Bäckerei 就會提供多種新鮮出爐的麵包，一般也會有現做加料的三明治。早期 Bäckerei 主要是只提供外帶麵包，現在已配合客戶需求，也會提供飲料，讓客人和麵包、三明治或蛋糕一起內用。德國麵包和台式麵包最大的不同，除了原材料多樣化之外，最大的差別應該是「不甜」和「不軟」。為了方便家裡早起出門的小孩，在超市可以買到冷凍麵包，早上放到烤箱加熱 8～10 分鐘即可食用，雖然味道沒 Bäckerei 新鮮出爐好吃，但也差距不大，是媽媽們的好幫手！

德國人從小看長輩做蛋糕、餅乾，加上烘焙原材料在超市都可以買到，所以習慣在家自己烘焙蛋糕，成本只要 2～3 歐元即可滿足一家人！現在婦女的生活比以前忙碌，Bäckerei 販售的蛋糕也很受歡迎，一整個蛋糕大約 5 歐元，而且可以一片一片買，多種口味同時享受，讓婦女們假日不用整天待在廚房裡了！

不過，熱愛烘焙不是只有女性喔！像我們這樣異國婚姻的家庭中，有不少德國先生們發揮他們的傳統，也很熱愛製作蛋糕，讓原本不會做蛋糕的亞洲太太們，羨慕一下，再拜師學藝！

　　平日我們早餐是麵包＋多種起司 Käse ＋果醬＋果汁＋咖啡／紅茶，午餐一般帶麵包夾火腿，香腸片或起司的三明治到辦公室配咖啡／茶，有時會帶前晚的剩菜來用微波爐加熱食用；同事如果沒帶午餐的大多會到附近的麵包店買三明治回辦公室食用，偶而也會一起去 Imbiss 小吃店吃簡餐。晚餐是我們家人一起吃熱食的時間，煎烤香腸、煎肉片、魚排等主菜加上馬鈴薯或白飯，煮各式義大利麵也可以，最好再開瓶紅白酒，真的是在家吃飯最舒服！

　　因為食材的關係，平日煮的菜大多以西餐為主，同時因季節不同會有不同的特殊食材可以選擇。這幾年來最讓我驚豔的食物是每年春夏才有的「白蘆筍 Spargel」，從 4 月開始供應到 6 月底，每公斤的價格約 6 ～ 10 歐元。煮法相當簡單，削皮切尾後，放入滾水煮約 15 分鐘後即可撈出，搭配水煮馬鈴薯、比利時煙燻火腿，再來杯白酒，香甜美味，同時熱量又低，那段期間每週都要吃上 2 ～ 3 次，吃到過癮再等下一年。

　　很多德國朋友問我，為何家裡沒有電鍋？因為他們聽說中國人出國定居（如留學生）一定會帶電鍋煮飯吃，所以中國人的米煮的特別好吃！本人一向不特別喜歡吃飯，所以煮飯對我而言不太需要。加上德國人煮米很有趣，他們煮「袋米 Taschen reis」！「袋米」就是米裝在透明有洞的袋子內，直接下水煮到熟，再撈出來剪開倒入碗中食用。依照重量二人份袋米只要煮 8 ～ 15 分鐘即可，所以我們家到現在還是沒有電鍋！

做中式料理時大都是因為家裡有歐洲客人來才會準備，因為客人總是期望我這個「外籍新娘」可以做點亞洲菜來驚喜一下，所以我就會迎合客人的期望準備中式菜餚。在 Aachen 和德國其他主要城市一樣都會有賣亞洲食材的 Asia Supermarkt 超市，Aachen 市中心的 "Interfood"(Jülicher Str. 22, 52070 Aachen) 選項非常齊全，有生鮮食材，如：新鮮板豆腐、青菜及香菜等等；各類冷凍食品中也可以看到包子、港式蒸點、生魚片壽司及鱈魚等等；袋裝與罐頭食品更是來自全東南亞，並且還看得到來自台灣的大溪豆乾……這真的太讓人思鄉了！！！做中式料理餐給歐洲人吃基本就是要有醬油味或辣味煮的肉再加上白飯，這樣他們就相信啦，不太難吧！哈哈哈……

倒是為了要滿足自己的中國嘴饞時，真的是會激發創意與勇氣！我從沒想過原來我也可以自己做水餃皮、包水餃、做泡菜……感謝 internet，現在上網就可以找到各種食譜，日子好過多啦！

食

在德國餐廳用餐時，要注意以下的細節，才可以融入文化又不會失禮：

1. 一定要點飲料：

　　點餐前，服務人員會先來問要喝什麼飲料。即使只是要喝水，也要點瓶裝水，用餐不點飲料對德國人而言不合常理，會顯得失禮。要求提供免費可生飲自來水 Leitungswasser，那是需要很大勇氣的，餐廳人員一般會面有難色或不確定如何應對，但是面對觀光客可能也會配合提供，不過建議還是入境隨俗點個飲料，更能好好享受美食。

2. 氣泡水還是一般的水：

　　德國水龍頭打開出來的水已達可以生飲的標準，但是因為各區的水質不同，所以不是所有的人都敢喝生飲自來水。德國是歐洲地區最愛喝氣泡水的國家，所以買水時一定要看清楚說明 Wasser mit Kohlensäure 的氣泡水或不含氣泡的 ohne Kohlensäure（或 stilles Wasser）。

3. 不流行共食，請自己點自己要吃的餐點：

　　德國人在餐廳用餐時每個人會點自己要吃的餐點，不流行點一桌菜大家一起分享，所以服務員會把每個人自己點的菜直接送到客人面前，而不是放在中間大家一起取用，當然上桌後，朋友間分食與共食就沒

關係了。現在有一些希臘、土耳其或中國餐廳，其實也接受客人點大盤的主食來共食，所以還是可以看情況再決定如何點菜。

4. 一定要給小費：

正式餐廳的價格幾乎都是不含服務費的價格，所以結帳時要多給 5% ～ 10% 的小費，不過如果是在 Imbisss 小吃店或速食店就沒有絕對的需要了。

5. 盡量吃光光：

德國人因為二戰前後的飢餓經驗，所以一般很珍惜食物，加上沒有打包的習慣，所以在餐廳用餐基本都會吃完，不會剩下食物，所以如果盤上留下太多食物不吃就代表不好吃，這樣餐廳的服務人員都會關心是否食物不合口味或是處理不好，基本上被視為浪費或沒教養。

衣 ....

德 國 有 句 俗 語 說："Es gibt kein schlechtes Wetter, es gibt nur schlechte Kleidung"，意思是說沒有不好的天氣，只有穿錯衣服；所以在德國旅行時，可以考慮以下的穿著細節，像當地人一樣做好準備：

1. 早晚溫差大：

千萬不要被白天的大太陽騙了，即使是夏天早晚溫差都很大，所以一定要用「洋蔥式穿法原則 Das Zwiebelschalenprinzip.」，就是要穿接近皮膚就開始保暖，穿幾層可以脫下來或穿上去的衣服，並確保頭、手、腳的保暖，以應天氣變化隨時對應。

2. 一定要有防水有帽子的外套：

　　德國天氣不定時會下雨，所以準備好一件可以防水有帽子的
外套，就不怕忽然下雨沒帶傘。這類的外套可以到了歐洲再買，
在德國這裡買的不論品牌都可以確認是真的有防水又防雪的功能。
德國人喜歡的牌子是：Jack Wolfskin 和 Northface，建議可以入境
後再買，比台灣便宜一些。

3. 冬天屋內外的穿法與裝備：

　　歐洲冬天基本在零度上下，所以戶外很冷，但是屋內都會開放暖氣，暖氣的熱度到 20 度以上，所以室內可以穿春裝，要外出時再加外套，圍巾和手套，不過鞋子一定要注意有防水及防滑功能，才能走在雪地裡不會滑倒。

住

　　到德國旅遊住宿的費用不低，住宿選項及提供內容和在亞洲不完全相同，訂房前可以先考慮以下幾點：

1. 住宿的飯店選項類別：

　　星級飯店當然可以直接透過各大訂房網站預訂，價錢大約從三星級的 80 歐元起依星級往上加，大城市和小城市當然會有價差，是否有活動或展覽也會影響房價高低。民宿稱為 Gasthaus, B&B 或 Pension，價格大約是「每人」每晚 20 ～ 40 歐元左右，請注意是每人計價，所以雙人住宿同一間房間每晚就要 40 ～ 80 歐元，這個原則和亞洲以每房每晚計價收費大不同，千萬不要被單價給搞迷糊了。早餐一般另計，民宿約 5 歐元，飯店型的自助早餐約 10 ～ 20 歐元。各大城市也會提供單床的青年旅店 Youth Hotel，用德文關鍵字查詢 "Jugendherberge" 可以得到不同城市的推薦地點，乾淨、簡單也安全，是適合背包客的選擇。

　　近年很流行的 Air B&B 在德國也有，我們全家出遊時也會用 Air B&B 來訂房，原因是可以選有二房以上的 townhouse，單獨公寓或 villa，父母可以和小孩分開睡互不干擾的睡房，另外可以有共同的客廳和用餐區等較大的空間使用，同時可以自己準備早餐，吃完再出門旅遊或工作，適合人數較多的家庭及房間數需求較多的旅客採用。價格當然比星級飯店便宜，但是不一定比 Gasthaus, B&B 或 Pension 便宜，重要的是地點、交通和空間使用可以較符合個人的需求。

對於喜歡單次定點在一個地方旅遊的人，可以考慮「週末之家 Ferienhaus/Wochenendhaus」，一般的租期至少需要 5 天／一週以上，和 Air B&B 的價格接近，房源可能會有重複。Ferienhaus 一般都在靠近大自然或觀光景點的小鎮，讓遊客可以長短期出租作為休假的住所，遠離城市享受寧靜與休養身心。

2. 住宿處基本都不提供個人盥洗需求的用品：

不論是哪一類房間出租，可以確定的是不會提供個人盥洗用品，如：牙刷、牙膏或拖鞋，有時甚至不提供洗髮精、沐浴乳或毛巾，所以一定要準備自己的個人用品，不然遇到假日商店沒開，想買都沒地方可以買，那就難過了！

倒是現在新概念的 Air B&B 房東比較大方，我們住過的地方都會提供有洗髮精、沐浴乳和毛巾，不然行李就大件啦！

3. 免費無線上網服務不普遍：

德國飯店基本不提供無線網路給房客使用，但是大都有自費熱點 Hotspot，目前我們所遇到的 Air B&B 房東是真的都比較大方，我們住過的 Air B&B 都會提供有免費無線上網的服務。德國主要城市免費無線上網的服務也不普遍，所以觀光客一般會在機場購買上網包，如果旅遊歐洲多個國家，也有特殊的 SIM 卡上網包可以採用；或是在台灣承租如 Jet Fi, Wi-Go 的歐洲上網分享器，帶到歐洲直接使用，滿足網友在國外也能有高速、大流量、連線穩定的上網慾望。

行 ....

交通費用也是在德國／歐洲旅遊中主要的費用之一，一般而言越早訂票價格越低。

以下是可以協助事前做好交通安排的選項：

1. 德國 DB (Deutsche Bahn) 國鐵網站 http://www.bahn.de/p_en/view/index.shtml:

德國國鐵 DB(Deutsche Bahn) 網站可以用來規劃在德國或相鄰歐洲地區的旅遊規劃。可以由任一出發地透過混合使用巴士，火車，或再轉當地的地方運輸（巴士、鐵軌車、地鐵）做全程一站式的預定、付費與列印車票。

德國 DB 火車有特快車、快車和慢車。慢車（如：Regional-Express (RE), Regionalbahn, S-Bahn) 就如同台鐵的區間車，在小鎮和小鎮中穿梭，提供民眾日常交通往返的服務。快車（如：Intercity（IC）and Eurocity (EC)）比區間車快速且停留的站數較少，可以提供大城市間的日常交通往返。知名的 ICE 就是和台灣高鐵速度相近的特快車，快速連接德國境內主要各大城市及鄰近國家主要城市，也是由 Frankfurt 法蘭克福機場前往其他大城市的最佳選擇。

　　ICE 火車票價分為 1 Klasse (First class) 和 2 Klasse (2nd class) 的價格，訂票時同時可以加價預訂座位，付款可以信用卡支付，在火車上驗票時要出具信用卡作為辨識確認，所以持卡人一定要同行。同樣的火車行程在網上可預定的價格每天不同，越早訂就越便宜，和台灣高鐵的早鳥票概念相同，出發前一天都可能有優惠，但是當天就一定要以全額購票，所以一但確認行程就應盡快訂好車票，可以節省不少交通成本。購買 1 Klasse (First class) 車

票的旅客還可以在主要城市的車站（如：Köln 科隆，Frankfurt 法蘭克福機場）的貴賓室休息待車，特別是買到早鳥票的 1 Klasse (First class) 票價也有優惠，加上可以到貴賓室用餐，有時候比坐 2 Klasse (2nd class) 划算喔！

德鐵 DB 長年推出各種優惠票，遇到假期期間優惠專案更多，如：暑假全國任意遊，學生聖誕假期套票，多人同行團體票，週末遊，觀光城市旅遊套票⋯⋯等等的優惠案，可以在網站上查到相關訊息，事前可以多花一點時間研究一下，享受優惠價格，暢快旅遊。

如果是到 Aachen 地區可以買到暢遊 EUREGIO 地區的 EUREGIO ticket，以及可在 NRW(Nordrhein-Westfalen) 地區使用的 5 人同行團體票 "SchönerTagTicket NRW 5 Personen"，真的可以讓遊客省下不少錢。

2. 航空公司早鳥票：

德國境內的國內航程可以考慮 Air Berlin(www.airberlin.com)，他是 LH 漢沙航空的子公司，和德鐵 DB 的早鳥票概念相同，同樣越早訂就越便宜，有時比搭 ICE 火車還便宜又節省時間，所以在規劃行程時可以上網先查詢航程與票價，做為規劃交通路線的選項之一。

3. 廉價航空公司：

德國境內有幾個機場有廉價航空提供到歐洲其他主要城市或

觀光景點的航程，可以考慮 Ryanair(瑞安 , www.ryanair.com) 和 Easyjet（易捷 , www.easyjet.com），不過他們使用的機場一般不在市中心，大都在城市的外圍小機場，所以前往機場的交通要注意先研究清楚。

廉價航空和德鐵 DB 或 Air Berlin 都提供有早鳥價的優惠，越早訂就越便宜，可以上網先查詢票價，做為交通行程安排的選項之一。廉價航空機上所有的餐飲都要另外加價，同時要特別注意的是對行李重量的限制，一般可以攜帶一件不超過十公斤的行李，托運要加錢，超重當然會被要求現場加付行李超重費，如不注意這些細節，到頭來就不一定划算了，所以一定要先上官網了解清楚再訂票。

後記

有緣千里來結緣；從台北到歐洲，從歐洲回台北，真是有緣～

如果有緣，來我們的短期民宿結緣；短短提供民宿的幾次，我們真的和有緣人再相會

2011 年先生遠赴台灣工作，女兒在德國讀小學，所以我守著這個美麗的房子、美麗的風景和美麗的女兒，過著我開心的日子（哈……）。

台灣的背包客網站興盛，加上自己過去在飯店業的經驗，所以我想把這個幸福和來自台灣的朋友分享，所以將部分空房安排好，空出來做為可以提供短期住宿的民宿。

我們在 2012 年 2 月隨後也到台灣定居，所以提供的時間很短，加上交通地點的關係對未開車的旅行者並不容易，所以也沒有真正在「經營」這門生意。

緣分在這段期間帶來了幾位朋友，除了住宿也陪同幾位單身的朋友到處逛逛，他們也很熱情的捧場我的廚藝……最後一批的 2 家大團體也讓這個平日安靜的房子熱熱鬧鬧起來。最精彩的是：我們回台後，第二個居住的地點和來我民宿住宿的朋友一家人做了鄰居……從台北到歐洲，從歐洲回台北，真是有緣～

或許，這可以是我未來回到這塊美麗土地後，再繼續經營的 idea ⋯you never know ⋯

提供民宿主要原因：

1. 我家真的太大，房間空很多。
2. 我們很好客，喜歡有人來作伴。
3. 我們這裡的環境真的很好。
4. 我們經常不在家，所以有緣才會湊到可以訂房的日期，值得一起開心。

後記

有緣千里來結緣，從台北到歐洲，從歐洲回台北，真是有緣～

163

我家德國 DB（國鐵）站是 Aachen，再轉公車（25 分鐘，SB 63），下車的公車站牌是：Roetgen Bahnhof。

可以利用德國 DB（國鐵）網站進行在德國或歐洲地區的旅遊規劃 http://www.bahn.de/i/view/USA/en/trains/index.shtml

我們這裡是像台北的「天母陽明山區」（就是離市區有段距離），如果沒車，外出的規劃就要做好一點：

- Aachen 離我家坐公車 30 分鐘，由 Aachen 去巴黎、布魯塞爾、科隆、杜塞爾多夫等地都方便。
- 到荷蘭去阿姆斯特丹也有火車約 3 ～ 4 小時到 Aachen。
- 原則上從我家出發到布魯賽爾一天來回是可行（Bus-Aachen-THA 歐洲之星——回程，或是到比利時的 Eupen 搭區間車來回）。
- 一天可搭 Bus ＋火車去科隆（大教堂、巧克力博物館、河邊搭郵輪逛萊茵河）。
- 一天可在 Aachen 市區逛逛，再搭車去三國邊界（荷比德）的高山上逛逛。
- 搭火車去巴黎，快車 3 小時到，一天來回也行，不過我建議可住在巴黎較有體驗。
- 之後再去德國南部玩幾天也不錯。

房間部分，我們是分兩樓：

樓下是套房雙人床＋單獨浴室，另外有一個我們的家庭辦公室；套房雙人床可睡二人，也可三人（加一個床墊）擠一擠；樓上二間單人房，可加床墊住 3 ～ 4 人；還有一個獨立的小客廳。

有緣千里來結緣；從台北到歐洲，從歐洲回台北，真是有緣～

165

➤當然最後價格還是要合理的：

樓下：雙人房加個別衛浴設備＋歐式早餐＝49 歐元一晚，三晚以上每晚 40 歐元（如果該房加 1 人使用床墊就是每晚加 10 歐元就行了）。

多人同行可另加樓上的單人房或單人不同房可選擇樓上二間單人房，每房每晚 29 歐元，三晚以上每晚 25 歐元（含歐式早餐）；（單人房區加床墊多住一人時，就是每晚加 10 歐元就行了）。如果住一週（6 晚以上）可以再給優惠。

可接收無線網路；也可以洗衣；也可以晚餐搭伙，反正我們是要吃飯的！

如果你們行程有時間，我再請你們在家吃頓晚餐，夏天天氣不錯，運氣好還可以在我家庭園 BBQ，加上美酒，不是自誇，比在巴里島度假更有氣氛！

提供住宿不是我們的主收入，主要是喜歡交朋友，所以歡迎你們過來。

國家圖書館出版品預行編目資料

Eifel, My Home～跨德比荷邊境的幸福旅程／
Sunny Föhr-Huang 著. -- 初版 .-- 臺中市：白象文
化，2016 .06
　　　面：　公分.——（樂活誌；53）
　　ISBN 978-986-358-369-1（平裝）
　　1. 遊記 2. 歐洲
　　740.9　　　　　　　　　　105007394

樂活誌（53）
Eifel, My Home～跨德比荷邊境的幸福旅程

作　　者　Sunny Föhr-Huang
校　　對　Sunny Föhr-Huang、李凱惠、費克真
專案主編　蔡晴如
特約設計　白淑麗
出版經紀　徐錦淳、林榮威、吳適意、林孟侃、陳逸儒、蔡晴如
設計創意　張禮南、何佳誼
經銷推廣　李莉吟、莊博亞、劉育姍、李如玉
行銷企劃　黃姿虹、黃麗穎、劉承薇
營運管理　張輝潭、林金郎、曾千熏
發 行 人　張輝潭
出版發行　白象文化事業有限公司
　　　　　402台中市南區美村路二段392號
　　　　　出版、購書專線：（04）2265-2939
　　　　　傳真：（04）2265-1171
印　　刷　基盛印刷工場
初版一刷　2016年6月
定　　價　380元

白象文化　印書小舖 PressStore　出版 · 經銷 · 宣傳 · 設計
www.ElephantWhite.com.tw　f 自費出版的領導者　購書 白象文化生活館